L'AME

DE

LA PLANTE

PAR

ARNOLD BOSCOWITZ

> Les plantes ne sont guère mieux
> connues que les étoiles.
> BERN. DE SAINT-PIERRE.

PARIS

D. DUCROCQ, LIBRAIRE-ÉDITEUR

SUCCESSEUR DE SON PÈRE

55, RUE DE SEINE, 55

1867

L'AME

DE

LA PLANTE

PARIS. — IMP. SIMON RAÇON ET COMP., RUE D'ERFURTH, 1.

SENSITIVE

L'AME

DE

LA PLANTE

PAR

ARNOLD BOSCOWITZ

> Les plantes ne sont guère mieux
> connues que les étoiles.
> BERN. DE SAINT-PIERRE.

PARIS

P. DUCROCQ, LIBRAIRE-ÉDITEUR

SUCCESSEUR DE SON PÈRE

55, RUE DE SEINE, 55

—

1867

Tous droits réservés

PRÉFACE

Qui de nous ne ressent les secrètes influences de la nature lorsque les plantes, après leur repos hivernal, se réveillent, se couvrent de feuilles et de fleurs, et versent dans l'atmosphère des torrents de parfums ? De toutes parts se dégagent alors des effluves mystérieux qui pénètrent nos esprits et les mettent pour ainsi dire en contact avec les forces du monde végétal. En présence des plantes innombrables qui naissent sous nos yeux, ou qui reprennent avec ensemble leur activité un moment entravée, nous nous sentons singulièrement émus. Des énergies qui dormaient dans notre âme se réveillent, notre poitrine se dilate, et pendant quelques secondes nous traçons plus gaiement notre sillon.

Tout autre est l'effet que produit sur nous le monde des plantes en été, pendant les fortes chaleurs ou les grandes sécheresses. Quand, à cette époque, on observe attentivement les végétaux, on est frappé de l'état de langueur et de souffrance que décèle leur attitude. Avec leur tige inclinée, leurs branches ployées, leurs feuilles flétries, ils expriment si bien la douleur, qu'on éprouve je ne sais quelle vague compassion pour ces êtres singuliers que l'on pourrait croire étrangers aux destinées de notre espèce, et auxquels cependant nous unissent des liens forts et nombreux.

Mais lorsque, après la pluie qui est venue tempérer la chaleur et abreuver la terre, vous avez revu ces mêmes plantes qui naguère encore semblaient devoir succomber, vous les avez à peine reconnues, tant elles étaient fraîches, belles et florissantes. Elles déroulaient leurs feuilles, ouvraient leurs corolles embaumées, relevaient fièrement leurs tiges et leurs rameaux. Toutes, grandes et petites, vous les avez vues respirer si visiblement le bonheur, qu'à ce moment il vous a semblé naturel de penser qu'elles avaient la faculté de ressentir intérieurement cette félicité qu'elles savaient si bien manifester.

Toutefois, ce ne fut là qu'une fugitive impression dont aucune trace n'est restée dans votre esprit. D'autres sujets sont venus solliciter vos méditations, et vous n'avez plus songé à la plante, à ses souffrances et à son bonheur.

Quant à nous, habitué dès notre jeunesse à regarder les plantes comme des êtres animés, nous n'avons pu discontinuer de les étudier avec sympathie. Lorsque, dans les contrées du Nord, nous avons vu les grands pins des montagnes s'agiter sous le souffle de la tempête, nous avons pensé qu'ils devaient sentir, de leur sommet à leur base, les violentes secousses qui les faisaient gémir et auxquelles ils opposaient une opiniâtre résistance. Lorsque, dans la zône torride, nous avons vu des végétaux produire des fleurs semblables aux insectes qui venaient les fructifier, nous nous sommes demandé si, pour ces plantes, aucune sensation ne résultait des rapports qui

a.

s'établissaient entre elles et les papillons qu'elles attiraient. En observant que certaines plantes de nos climats ouvraient, et que certaines autres fermaient leurs fleurs aux rayons du soleil, nous avons pensé que ces plantes ressentaient d'une manière différente les influences de la lumière. Lorsque nous avons contemplé les vastes sociétés végétales qui couvrent la surface de l'Océan, il nous a semblé que les individus dont elles se composaient devaient ressentir en eux-mêmes et les douces influences du calme et les effets désastreux de l'ouragan. Enfin, lorsque nous eûmes observé les mouvements extraordinaires

auxquels les algues et les mousses s'a-
bandonnaient au moment de leur naissance, et que nous eûmes entrevu tout
un monde où des végétaux infiniment
petits décelaient des instincts particuliers, nous avons pensé que toutes les
plantes, grandes et petites, sur la terre
comme dans les eaux, étaient douées de
facultés sensitives.

Jamais, néanmoins, ces réflexions ne
s'étaient présentées à mon esprit avec
autant de clarté que le jour où, après un
long voyage entrepris à sa recherche,
il me fut donné de voir dans toute sa
beauté *Victoria regia*, la merveille du
monde botanique. En apercevant ses

larges feuilles qui ressemblaient à de gracieuses nacelles; en voyant ses corolles d'une éblouissante blancheur et grandes comme le disque du soleil se balancer doucement sur l'eau; en contemplant les formes harmonieuses et grandioses de cette plante extraordinaire, un cri d'admiration s'échappa de ma poitrine, et comme Henke, le naturaliste qui, le premier, la découvrit dans les solitudes du nouveau monde, j'allais tomber à genoux devant elle. Mais, hélas! j'ai redouté le rire sonore et moqueur de doña Arabella qui, debout devant moi, me menaçait du doigt, et n'eût point souffert qu'un homme se prosternât ailleurs qu'à ses pieds. Toutefois, j'ai contemplé ce spectacle avec une émotion si profonde, qu'aujourd'hui, après bien des années, je la sens renaître en écrivant ces pages.

Que de félicités doit contenir l'existence de cette plante! me disais-je. En même temps qu'elle ressent la fraîcheur de l'eau, elle expose ses feuilles aux influences de l'atmosphère; en même temps qu'elle dirige ses racines dans le sol humide du lac, elle élève ses corolles à la surface de l'eau pour recueillir les chauds rayons du soleil. Tout en elle — ses grandes fleurs dont le parfum nous pénétrait, son port majestueux, son ensemble magnifique — tout en elle révélait je ne sais quoi de grand, d'étrange, de prodigieux : c'était l'âme de la plante qui rayonnait au dehors et nous tenait sous son charme puissant.

A partir de ce jour, nous sentîmes un vif attrait pour l'étude des phénomènes qui semblaient déceler la présence d'une âme dans le monde végétal. Et lorsque, cédant au penchant qui nous entraînait, nous voulûmes plaider la cause de cette âme[1], notre tentative fut accueillie diversement. Quelques philosophes protestèrent en déclarant qu'elle contrariait leurs idées; le curé de notre

[1] Dans la *Revue moderne*, 1860 et 1861.

paroisse nous fit observer que saint François, le séraphique, avait appelé l'hirondelle sa sœur, et le soleil son frère, mais qu'il n'avait pas considéré les végétaux comme des êtres sentants; les poëtes pensèrent que l'âme de la plante pourrait à l'occasion leur offrir quelque gracieuse image, et ils lui firent bon accueil; les botanistes surtout se montrèrent bienveillants et sympathiques. Peut-être n'étaient-ils pas fâchés de considérer sous un jour nouveau des plantes qu'ils aimaient passionnément; peut-être aussi trouvaient-ils concluants les faits que nous leur rappelions.

Quoi qu'il en soit, ce sont ces faits

nombreux et parfois étranges, sur lesquels nous voudrions maintenant appeler l'attention du lecteur curieux des
choses de la nature, et disposé à méditer les enseignements que toujours
elle donne à ceux qui l'étudient avec
constance et avec amour.

Arnold Boscowitz.

Paris, mai 1867.

L'AME DE LA PLANTE

ET LA SCIENCE MODERNE

La physiologie végétale a été lente à prendre son essor. Bien que ses premières traces se montrent dès l'époque où Malpighi se servit du microscope, son origine réelle ne remonte pas au delà du siècle dernier, alors que par ses belles recherches sur la nutrition et la transpiration des plantes, Hales vint expliquer quelques phénomènes des plus curieux du monde végétal.

C'est à partir de ce moment que l'on

1

voit les naturalistes commencer à étudier attentivement les phénomènes de la végétation. Il y eut une grande émulation parmi les hommes éminents de ce siècle, si riche en observateurs habiles et consciencieux. Ceux qui s'étaient déjà illustrés ajoutèrent encore à leur gloire en contribuant à fonder, à régulariser une science nouvelle.

Les observations de Linné et de Wolff, les expériences nombreuses de Bonnet et de Senebier, les travaux de Duhamel, de Ludwig et de Mustel, les investigations de H. de Saussure et de Hedwig, tous ces efforts tendaient vers un même but : celui de réunir les matériaux épars, pour en former un ensemble régulier. Les uns, en étudiant la vie de la plante, examinaient plus particulièrement la forme, la structure, le développement de ses organes ; tandis que les autres s'efforçaient d'en expliquer le jeu et le fonctionnement. De l'ensemble de ces travaux naquirent deux sciences nouvelles : la physiologie et l'organographie végétales.

Grâce aux moyens d'investigation que fournissent le microscope et l'analyse chimique, ces deux branches de la botanique se sont développées d'une manière étonnante. Néanmoins, bien des points de la végétation sont encore aussi obscurs et aussi insaisissables qu'ils l'étaient au début de la science. La physiologie, malgré ses progrès constants, arrivera-t-elle jamais à rendre compte d'une manière concluante de certains phénomènes qui semblent échapper à toutes les lois de la physique et de la chimie? Nous ne savons.

Mais lorsqu'on observe avec quel redoublement de zèle et d'ardeur on se porte en ce

moment vers l'étude des faits qui caractérisent la vie des plantes, il est permis
d'espérer qu'un avenir prochain éclairera
quelques-uns des points restés obscurs.

Les physiologistes modernes ont observé
dans les végétaux des phénomènes extraordinaires, dont ils ont été diversement impres-
sionnés. Ils ont tous, il est vrai, reconnu une
analogie sensible entre ces faits et certains
instincts des animaux; mais les uns n'y
voyant que des phénomènes isolés et d'une
importance secondaire, ont proposé de les
expliquer par des théories toutes mécaniques
ou physiques; d'autres, au contraire, attirés
par la singularité de ces faits, les ont étudiés
avec beaucoup d'attention, et ont conclu de
l'ensemble de leurs observations que la plante
était probablement une créature animée. C'est
ainsi que Vrolik, Hedwig, Bonnet et Ludwig
s'étendent volontiers dans leurs écrits sur les

phénomènes qui leur semblent révéler un instinct végétal. Ils penchent à croire que la plante peut éprouver un ordre quelconque de sensations.

F. Ed. Smith, le botaniste anglais, pense que les plantes ont la faculté de sentir, et qu'elles peuvent même arriver à un sentiment de bien-être et de félicité.

Percival croit que les végétaux accomplissent des actes volontaires lorsqu'ils dirigent leurs racines vers les endroits où se trouve une nourriture convenable, et lorsqu'ils élèvent vers la lumière leurs tiges et leurs rameaux.

Parmi les philosophes du dix-huitième siècle qui ont vu dans les plantes des créatures animées, il convient de ranger aussi le docteur Erasme Darwin, l'aïeul du célèbre naturaliste dont les récents travaux ont porté une vive lumière sur la question si trouble de l'origine des espèces. Dans un livre trop peu connu et qui a fait les délices de Gœthe, le docteur Darwin a fortement motivé son opinion [1]. Plus d'une fois il y déclare nettement qu'à ses yeux la plante est une créature animée, un être capable d'éprouver des sensations multiples.

Peu nombreux sont les botanistes qui, de nos jours, voient dans l'ensemble des phénomènes que présente la plante, autre chose qu'une manifestation diffuse de la vie générale. Toutefois, deux savants distingués ont, dans ces dernières années, appelé de nouveau l'attention des naturalistes sur la question de l'âme dans le règne végétal.

De Martius, un des hommes les plus éminents de la science moderne, accorde aux

---

[1] Ce livre est intitulé : *Botanical Garden*.

plantes non-seulement la faculté de sentir, mais encore une âme immortelle[1]. A la voix du célèbre botaniste, est venue récemment s'unir celle d'un savant non moins recommandable. Théodore Fechner, un penseur des plus indépendants et, croyons-nous, des mieux inspirés de l'Allemagne contemporaine. Il est le premier qui soit entré dans les développements que comporte la question de l'âme de la plante. Les aperçus nouveaux, les idées originales abondent dans son livre, que l'on pourrait considérer comme le premier essai d'une psychologie végétale[2].

Les anciens ont également connu l'âme de la plante; ils semblent même l'avoir

---

[1] Les passages à l'appui se trouvent dans plusieurs ouvrages de ce naturaliste. Voyez : von Martius, *Reise in Brasilien; Pflanzen und Thiere des tropischen America,* et surtout l'étude intitulée : *Die Unsterblichkeit der Pflanzen.*

[2] *Nanna, oder über das Seelenleben der Pflanzen.*

étudiée avec soin. Empédocle, Anaxagore, Démocrite, Pythagore, Platon, croyaient que les plantes étaient animées, et que par conséquent on devait les mettre au rang des animaux [1].

Des peuples entiers, les Hindous par exemple, ont de tout temps regardé les plantes comme des êtres animés. Parmi les lois de Manou, lois que, dans l'Inde, on dit émanées de Dieu même, et qui sont plus anciennes que celles de Moïse, je trouve des doctrines et des recommandations comme celles-ci :

« Il est bon et équitable que chaque père de famille, sans nuire à ses enfants, conserve une partie de son bien pour les autres êtres animés, savoir : les plantes et les animaux.

« Les plantes et les animaux ont intérieurement le sentiment de leur existence, et

[1] Voyez Diog. Laer, Plut. quæst. nat., Platonis Epinomis, etc.

ils ont aussi leur peine et leur bonheur. »

D'après Loubère et quelques autres voyageurs, les talapoins, ou prêtres de Siam et du Laos, étendent la loi qui défend de tuer, non-seulement aux hommes et aux animaux, mais encore aux plantes vivantes, parce qu'ils pensent que tout être qui vit est nécessairement animé. Ils éprouvent autant de répugnance à détruire un arbre, ou simplement à casser une branche, qu'ils en ont à mutiler un homme; et ils se refusent à manger des fruits verts, afin de ne pas en arrêter le développement.

Ce sont là, il faut bien le reconnaître, des vues entièrement opposées à celles qui dominent chez les peuples de l'Occident. Dès notre plus tendre enfance, dans nos écoles, dans nos livres élémentaires, on nous enseigne que l'homme et les animaux, ayant la faculté de se mouvoir librement, sont des êtres sentants, et que les plantes, qui sont attachées au sol, vivent, il est vrai, mais ne sont point animées. Prévenus dès l'enfance, il nous est ensuite difficile de voir dans la plante un être sensible.

Mais, ainsi que le fait observer M. Fechner, il en serait autrement, si le précepteur disait à son jeune élève : « Les êtres animés se divisent en deux classes ; l'une est composée d'êtres qui ont la faculté de se transporter d'un endroit dans un autre, ce sont les hommes et les animaux. Dans l'autre classe se trouvent les êtres qui restent attachés au sol où ils naissent : ce sont les plantes. Celles-ci ont avec nous moins de ressemblance que n'en ont les animaux ; cependant elles vivent et croissent aussi bien que nous. Pour ces raisons et pour d'autres encore, nous croyons qu'elles sont également animées. » Si l'on instruisait ainsi nos enfants, on les verrait, dans leur âge viril, aussi peu disposés à dépouiller la plante de son âme, que nous sommes peu enclins à la lui reconnaître aujourd'hui.

Toutefois, la physiologie découvre chaque jour de si nombreuses et si frappantes analogies dans les fonctions vitales des êtres des deux règnes animal et végétal, que l'on ne doit pas se refuser à méditer les faits que nous allons exposer, ni rejeter sans examen la proposition que nous faisons de considérer la plante comme un être sentant et animé.

LA PLANTE VIVANTE

Le corps de la plante est aussi finement
ouvré que celui de l'homme ou des animaux, et les éléments qui le composent ne
diffèrent pas essentiellement de ceux qui forment les autres corps animés. Dans le règne
végétal comme dans le règne animal, les organismes sont constitués par d'innombrables
cellules qui se groupent et s'agencent diversement, et donnent ainsi à chaque série
d'êtres, à chaque espèce, sa forme distinc-

tive. De subtils agents travaillent dans ces petites cellules qui vibrent, qui s'agitent et tournoient. La vie qui palpite dans le cœur de l'homme circule aussi dans le végétal ; et toujours, ici comme là, au sein même des œuvres qui la proclament, elle se couvre d'un voile obscur et demeure un insondable mystère.

De tout temps, un sentiment intuitif a porté les hommes à considérer la respiration comme le premier et le dernier indice de la vie, comme le signe qui distingue les corps animés de la matière inerte. On reconnaît la vie à son souffle, et chez tous les peuples, on dit rendre le dernier soupir, pour dire cesser de vivre. La science n'a aucune raison pour contrarier sur ce point le sentiment populaire ; car elle voit dans la respiration le principe de la vie, la source du mouvement et de la chaleur organiques.

Aux yeux de quelques personnes il peut paraître étrange que les plantes aient une respiration semblable à celle de l'homme et des animaux ; cependant le fait n'en est pas moins certain.

Quand on examine avec un microscope la structure intérieure des plantes, on aperçoit dans l'écorce, dans les fleurs, et notamment dans les feuilles, une foule de petits tubes en forme de filaments. On les appelle des trachées, parce qu'on leur attribue une fonction analogue à celle des trachées, qui sont les organes respiratoires des insectes. Pour les observer, on n'a qu'à choisir, au printemps et en été, des jets de rosier ou de tout autre végétal. On les trouvera tous remplis de trachées, pourvu qu'ils soient assez tendres pour pouvoir être cassés net ; car s'ils se tordent, on ne découvrira pas ces vaisseaux. Malpighi, un des premiers qui étudia les organes respiratoires de la plante, les décrit fort bien en disant qu'ils sont des vaisseaux formés par les contours d'une lame très-mince, qui, en se roulant sur elle-même en spirale, forme un tuyau assez long, droit dans certaines plantes, bosselé en quelques autres, étranglé et comme divisé dans sa longueur en plusieurs cellules.

Ce même naturaliste observa un fait curieux que d'autres anatomistes du règne végétal ont également constaté : quand on déchire ces vaisseaux, qui sont toujours remplis d'air, on s'aperçoit qu'ils ont un mouvement régulier, offrant quelque vague analogie avec le mouvement des organes respiratoires du règne animal.

« Les trachées, dit Malpighi, vont et viennent pendant quelque temps, jusqu'à ce qu'elles aient repris leur première situation;

si on les allonge un peu trop, elles perdent leur ressort et se flétrissent. »

Pour peu qu'on rompe avec précaution le corps ligneux de quelque branche herbacée, on reconnaît aussitôt les trachées à leur forme spirale, à l'air qui les emplit, et surtout à leur mouvement régulier d'extension et de contraction. Indépendamment de ces vaisseaux, on observe aussi, dans les feuilles, une foule de petites ouvertures, appelées des stomates, par lesquelles l'air s'insinue dans le corps végétal.

Mais, dira-t-on, est-il bien établi que la plante respire, et que ces vaisseaux aériens fonctionnent en elle comme les trachées et les poumons dans les animaux? Ne pouvant rapporter ici, ni les nombreuses et décisives expériences d'Ingenhous, de Hales, de Théodore de Saussure, ni les belles recherches de M. Mohl, de M. Garreau et d'autres contemporains, nous nous bornerons à dire que les expériences et les affirmations de tous les physiologistes modernes démontrent, d'une manière irrécusable, que les végétaux aspirent l'air ambiant, pour ensuite l'expirer.

Dans le but de s'assurer que l'air atmosphérique était indispensable à la vie des végétaux, Calandrini plongea dans l'huile une jeune plante ; celle-ci ne pouvant respirer, mourut étouffée. Duhamel multiplia de son côté les expériences sur cette matière. Pour boucher les voies respiratoires des plantes, il employa tour à tour de l'huile, de la cire, du vernis et du miel : il observa que les végétaux souffraient toujours profondément quand on interrompait le jeu régulier de leurs trachées, et qu'ils mouraient quand on les privait trop longtemps de l'air nécessaire à leur respiration.

Ce sont là des résultats analogues à ceux

que l'on obtient lorsqu'on expérimente sur les insectes. Le lecteur n'ignore pas que ceux-ci respirent par des orifices de forme ovale qu'ils ont sur les côtés, et qu'on appelle des stigmates. Ces organes communiquent à des tuyaux longs, étroits, et qui des deux côtés s'étendent parallèlement ; ce sont les trachées ou les poumons de l'insecte. Or, lorsqu'on bouche les orifices de ces trachées avec une goutte d'huile, la bête meurt étouffée ; et lorsqu'on ne bouche les stigmates que d'un côté du corps, ce côté est aussitôt frappé de paralysie.

Une expérience non moins curieuse que celle de Calandrini est celle que fit Papin, lorsqu'il recherchait si la plante respirait comme les animaux. Ce physicien plaça dans le vide, sous la cloche de la machine pneumatique, une plante tout entière ; elle y périt promptement. Mais lorsqu'il n'y a que les racines dans le vide, et que les feuilles restent dans l'atmosphère, ce qu'on peut obtenir en les faisant sortir du récipient et en bouchant avec de la cire l'ouverture qui donne passage aux feuilles, la plante subsiste longtemps.

De nombreuses observations de ce genre avaient conduit Bertholon et quelques autres physiciens du siècle dernier à reconnaître que l'air inspiré par les végétaux produisait sur la séve un effet comparable à celui que l'air respiré par les animaux opérait sur la masse de leur sang[1].

Cette manière d'envisager l'effet de la respiration végétale semble d'autant plus juste, et l'analogie sur laquelle repose cette opinion paraît d'autant plus frappante, que les végétaux, en respirant l'air atmosphé-

[1] Bertholon, *Électricité des végétaux*,

rique, le décomposent de la même manière que les animaux. Comme ceux-ci, les plantes utilisent l'oxygène qui donne aux cellules le mouvement et la chaleur, et elles rendent à l'atmosphère le surplus, sous forme d'acide carbonique. Je sais bien que la plupart des naturalistes pensent, encore aujourd'hui, que pour respirer, la plante fait l'inverse de ce que font les animaux : qu'elle absorbe l'acide carbonique et expire l'oxygène. Ils ajoutent, il est vrai, que cette respiration végétale n'a lieu que pendant le jour, sous l'influence directe des rayons solaires, et que la nuit, ou simplement à l'ombre, les plantes respirent comme les autres créatures. Toutefois, c'est là une erreur; et, d'accord avec MM. Garreau, Sachs, Hugo Mohl et quelques autres observateurs[1], je tiens pour établi que tou-

[1] H. von Mohl, *Die vegetabilische Zelle.* — J. Sachs, *Handb. der Experimental-Physiologie der Pflanzen.*

jours les plantes respirent comme l'homme et les animaux, qu'elles absorbent l'oxygène et exhalent l'acide carbonique. Quant au grand dégagement d'oxygène que l'on observe pendant le jour dans le monde végétal, on doit le considérer comme un effet de la nutrition des plantes, et non comme celui de leur respiration.

Incitée par les rayons directs du soleil, la plante décompose en ses deux éléments l'acide carbonique qui la pénètre de toutes parts; elle le décompose avec une énergie extrême. Elle en sépare l'oxygène, qu'au moyen de ses feuilles elle épanche par torrents dans l'atmosphère, et elle retient le carbone qu'elle s'assimile. Mais pendant ce travail d'assimilation, par lequel la plante augmente la masse de son corps, elle ne continue pas moins de respirer, c'est-à-dire d'absorber de l'oxygène et de répandre dans l'atmosphère une quantité notable d'acide carbonique. Les patientes observations de M. Garreau[1] et les recherches de M. Sachs ne laissent aucun doute à cet égard ; seulement les expériences sur cette matière sont tellement délicates, que l'on ne doit pas trop s'étonner de l'erreur dans laquelle sont tombés des physiologistes distingués. Non, la plante ne connaît pas deux manières de respirer, elle n'a pas une respiration diurne qui serait le contraire de sa respiration nocturne. Dire que la plante respire, lorsque, sous l'influence des rayons du soleil, elle emmagasine le carbone dont elle se nourrit, c'est confondre deux actes différents, c'est commettre la même erreur que celui qui en voyant une bête manger dirait qu'elle respire.

[1] Garreau, *Annales des Sciences nat* 1851, vol XVI.

Personne n'ignore que les plantes se nourrissent au moyen de leurs racines. Plusieurs physiologistes, frappés de l'incessante activité des organes souterrains de la plante, ont considéré les fibrilles et les spongioles de la racine comme faisant les fonctions de bouche, et ils ont professé que la racine devait être regardée comme l'œsophage ou même l'estomac des végétaux.

C'est, en effet, dans la racine que commence l'élaboration des sucs nourriciers qui, s'élevant ensuite dans le corps végétal, montent dans la tige, dans les branches et dans les rameaux. Là ils se modifient, ils se métamorphosent au contact de l'air que la plante aspire sans relâche, et à partir de ce moment ils constituent la séve que l'on a souvent comparée au chyle des animaux.

En s'insinuant dans les canaux de la plante, cette séve subit de nouvelles transformations, et l'on pourrait dire qu'elle devient alors un véritable sang végétal qui, filtré ensuite par des couloirs plus fins, descend vers la racine en se distribuant dans le mail des réseaux fibreux et dans toutes les parties du végétal. Les diverses matières s'y incorporent par assimilation et provoquent ainsi l'accroissement de la plante; mais cette assimilation constitue aussi la nutrition du végétal, puisque par elle de nouveaux sucs remplacent incessamment les pertes journalières que les plantes subissent comme les autres organismes.

Un grand nombre d'expériences ont prouvé que la plante se nourrissait également au moyen de ses feuilles. La surface inférieure de celles-ci est garnie d'innombrables orifices assez larges et communi-

quant avec les canaux intérieurs du végétal.
Ce sont là des organes absorbants, de véritables suçoirs destinés à pomper les aliments contenus dans l'atmosphère : des gaz, de l'eau, des vapeurs. Quelques botanistes les ont regardés comme autant de nouvelles bouches et de nouveaux estomacs qui fournissent souvent plus de nourriture aux plantes que les racines.

Au moyen de ces suçoirs, le végétal qui vit sur un sol aride peut se nourrir des éléments dont l'atmosphère est imprégnée ; il peut prospérer alors que ses racines ne trouvent aucune pâture dans la terre qu'elles explorent obstinément. « L'air, écrivait Bonnet, est un terrain fertile où les feuilles puisent abondamment des aliments de toute espèce ; la nature a donné beaucoup de surface à ses organes aériens, afin de les mettre en état de rassembler plus de vapeurs et d'exhalaisons : les poils dont elle les a pourvues arrêtent ces sucs, des petits tuyaux toujours ouverts les reçoivent et les transmettent à l'intérieur. »

La nourriture que les plantes se procurent ainsi par leurs feuilles et leurs racines est très-considérable. Bradley établit, par un calcul ingénieux, qu'un chêne arrivé à l'âge de cent ans, et qui s'est développé d'une manière normale, doit avoir consommé deux cent quatre-vingt mille kilogrammes de nourriture.

De même que la plante se nourrit en s'assimilant des substances qui conviennent à son organisation, elle rejette, après les avoir secrétées, les matières qui lui sont inutiles. Il y a donc là encore une frappante analogie avec une des fonctions de l'organisme animal; et il est curieux d'observer que la plupart des excrétions végétales sont pour les êtres de l'autre règne, pour l'homme surtout, des substances vivifiantes, presque autant que le sont pour les plantes les éléments que secrètent les animaux. Les matières éliminées par les plantes sont des corps résineux; c'est l'huile, c'est la gomme, c'est la cire, ce sont ces baumes si ardemment recherchés, soit pour leur parfum, soit pour la vertu qu'ils possèdent de soulager nos souffrances.

On a vu que la séve, qui coule dans les vaisseaux de la plante, alimentait les organes les plus cachés, comme fait le sang qui, dans son parcours, ranime et nourrit tous les organes du corps humain. Aussi, le mouvement de cette séve est-il un des phénomènes qui ont le plus vivement sollicité l'attention des botanistes.

Quand on eut découvert dans le corps végétal un appareil de vaisseaux et d'organes analogues à ceux des animaux, l'idée d'une circulation de la séve, comparable à la circulation du sang dans l'économie animale, se présenta spontanément à l'esprit des physiologistes. Pour démontrer la réalité de cette circulation, on entreprit de nombreuses expériences. Malpighi, Duhamel et quelques autres observateurs ayant trouvé dans les plantes un double système de vaisseaux, ils pensèrent qu'il était destiné à conduire la séve ou le sang végétal des racines aux feuilles, et des feuilles aux racines, comme, au moyen des veines et des artères, le sang circule dans l'organisme animal. D'autres anatomistes, non moins distingués, tels que Bonnet, Hales et Dodart, rejetèrent cette opinion ; et, s'étayant par de nombreuses expériences, ils déclarèrent que la séve n'avait point un mouvement circulaire comme le sang, mais bien un mouvement

2.

d'oscillation, une espèce de pulsation par laquelle ce fluide tantôt montait de la base au sommet, et tantôt descendait du sommet à la base du végétal.

Toujours ingénieux dans ses expériences, Hales s'efforça d'établir que le mouvement de la séve était ascendant pendant le jour, rétrograde pendant la nuit ; en d'autres termes, que le liquide s'élevait pendant le jour et descendait pendant la nuit des branches aux racines[1]. « On voit, disait-il, cette liqueur soulever pendant le jour le mercure contenu dans un tube de verre adapté à une branche qui végète, et le laisser ensuite tomber quand la nuit approche. » Toutefois, de récentes observations, notamment celles de M. Hofmeister, nous font présumer que ce balan-

---

[1] Hales, *Statical Essays.*

cement de la séve ne représente qu'un des mouvements propres au sang végétal.

En somme, ni les recherches de Knight, ni les expériences de Schultz-Schulzenstein, ni les travaux de Giambattista Amici, ni ceux de MM. Sachs et Jamin, quelque remarquables qu'ils soient, n'ont entièrement résolu le problème ; et aujourd'hui, comme au siècle dernier, bon nombre de physiologistes affirment qu'il y a dans la plante une circulation de la séve analogue à la circulation du sang animal ; tandis que d'autres le nient formellement.

De même que les autres corps vivants, la plante transpire continuellement par des pores semblables à ceux dont est percé notre propre corps. On les trouve en nombre infini sur la surface des tiges, des fleurs, des feuilles et des fruits. « Les pores, dit Grew, le célèbre physicien anglais, sont si larges dans les tiges de quelques plantes, comme dans la belle espèce de joncs dont on fait les cannes, qu'un bon œil peut les voir sans l'aide des verres ; mais avec ce secours le jonc paraît comme tout percé avec de grosses épingles : ces trous ressemblent assez aux pores de la peau dans l'extrémité des doigts et dans la paume de la main. Dans les feuilles de pin, qui sont aussi percées, les pores offrent un fort joli spectacle ; ils sont tous systématiquement rangés et de file dans la longueur des feuilles. »

On a dit avec raison que pour se rendre compte de la transpiration des plantes, Hales et quelques autres observateurs avaient fait sur les végétaux les mêmes épreuves, que fit sur le corps humain Sanctorius, qui passa une partie de sa vie dans une balance. En effet, Hales pesa pendant plusieurs semaines, matin et soir, un vase dans lequel était planté un soleil d'un mètre environ. Il trouva que la plante perdait par sa transpiration à peu près six cent vingt grammes dans douze heures, et que, à masses égales, et en temps égaux, elle transpirait dix-sept fois plus qu'un homme. La moyenne transpiration d'un chou ordinaire est de six cents grammes dans le même espace de temps ; et celle d'un petit pommier, élevé dans un vase, donna deux cent soixante-dix grammes. On peut admettre que la transpiration totale d'un arbre ordinaire est de quatorze kilogrammes environ par jour.

La plante transpire beaucoup plus pendant le jour et à l'époque des fortes chaleurs, que la nuit et dans un milieu tempéré : c'est encore là un phénomène analogue à celui que présente la transpiration animale. M. Sachs a remarqué qu'une plante (*Brassica oleracea*), dont la transpiration n'était que d'un gramme par heure, le matin avant le lever du soleil, évaporait dix-sept grammes d'eau, vers midi, dans une atmosphère plus chaude.

Il ne faut donc pas s'étonner de voir les peuples des contrées équatoriales se servir des plantes pour rafraîchir l'atmosphère. Les nègres des régions montagneuses de la Guinée, par exemple, élèvent des *pistia* dans de grands vases d'eau qu'ils placent devant la porte de leurs maisons. Ce sont des plantes qui vivent habituellement dans les eaux dormantes de l'Afrique occidentale et des Antilles. Elles transpirent prodigieusement, et l'eau qui s'évapore de leurs feuilles, répand dans l'air une fraîcheur plus sensible que celle qu'on obtient chez nous, lorsqu'en été l'on arrose le plancher. Un naturaliste danois, le docteur Isert, a constaté que d'un vase plein d'eau, dans lequel vivait une seule de ces plantes, il se dégageait dix fois plus d'eau que d'un autre vase de la même grandeur, où ne se trouvait aucun de ces végétaux.

La fécondation et la propagation des plantes s'opèrent d'après les mêmes lois que la propagation des animaux. Dans les plantes on observe également des organes spéciaux destinés à la reproduction; ce sont, dans la plupart des végétaux, les pistils et les étamines; de sorte que, dans le monde végétal, comme dans le règne animal, on se trouve en présence de deux éléments, dont l'union est indispensable pour la propagation des êtres : le mâle et la femelle. De la graine, fécondée comme l'œuf, sort un nouvel être qui se développe dans toutes les directions comme l'animal.

On le voit, l'analogie qui existe entre la vie des plantes et celle des animaux, est plus

profonde qu'on ne l'eût pensé au premier
abord. Mais cette analogie se transforme en
une similitude complète lorsque, abandonnant l'examen des organes, on jette un
regard sur les différentes périodes de la
vie des plantes, afin de comparer ces états
différents aux phases correspondantes de
la vie animale.

On remarque alors que la plante naît
comme les animaux, qu'elle croît et se développe progressivement comme eux, qu'elle
a une période de jeunesse durant laquelle
on la voit resplendir de grâce et de
beauté, qu'elle a également son âge de
maturité qui est l'époque marquée pour la
propagation de l'espèce. Puis enfin arrive,
pour elle comme pour nous, la vieillesse
avec ses infirmités. Dans la vieillesse, ainsi
que le fait observer Bertholon, les végétaux se dépouillent de cette brillante parure

dont leur tête était couronnée, et tout languit chez eux comme chez les animaux. La faiblesse, les maladies, la décrépitude et la mort sont les degrés rapides par où passent également les plantes et les autres créatures.

Si, dans les pages qui précèdent, je me suis attaché à mettre en relief les nombreuses analogies qui existent entre la vie de la plante et celle des animaux, c'est que j'ai voulu suggérer au lecteur une réflexion qui s'est présentée à mon esprit, dès que j'ai pu m'orienter dans le monde végétal. Puisqu'il y a entre l'organisation de la plante et l'organisation animale des ressemblances frappantes, des rapports apparents que personne ne conteste, ne se pourrait-il pas que toutes ces analogies, qui se montrent pour ainsi dire à la surface, soient les indices d'une analogie plus profonde, toute psychique, et qui, pour être plus cachée, n'en est pas moins réelle?

Peu de mots suffiront pour préciser ma pensée. Quand on observe la nature organique librement, sans prévention ni préjugé, que voit-on tout d'abord, sinon deux grandes séries d'êtres : les plantes et les animaux? Des différences dans la forme et la structure semblent, à première vue, séparer nettement les deux séries; mais on ne tarde pas à découvrir entre elles de si profondes analogies, que bientôt on renonce à tracer la limite qui sépare la plante de l'animal. Il ne saurait en être autrement, puisqu'un principe commun anime tous les êtres et les relie indissolublement les uns aux autres. Ce principe, c'est la vie. Le même souffle anime l'homme altier qui se dit immortel, et l'humble plante que son pied heurte en passant. Aussi, bien des naturalistes modernes, parmi lesquels se rangent et Buffon et Humboldt et Martius, se sont-ils toujours montrés enclins à ne point séparer les plantes et les animaux ; mais au contraire à les réunir en un faisceau, et à ne voir dans la nature vivante qu'un seul règne: le règne organique. Or, quand on admet que dans les animaux, qui ne forment qu'une partie de ce règne, la faculté de sentir est liée tout aussi intimement à la vie que la faculté de respirer, de croître, de se nourrir, de se propager ; ne commet-on pas une étrange inconséquence, en refusant cette faculté sensitive à la plante, à elle qui respire, qui croît, qui se nourrit, qui se propage, qui vit comme les animaux? Il semblerait à la fois plus logique et plus équitable de penser, jusqu'à preuve contraire, que les plantes, qui vivent comme eux, ont aussi comme eux des sensations diverses.

La plante est un être vivant, et en elle, comme ailleurs, la vie se manifeste par le jeu harmonieux de tous les organes. Un lien sympathique rattache les uns aux autres les diverses parties du corps végétal ; et l'on voit la plante entière s'altérer lorsque la racine est lésée : c'est là un phénomène comparable au grand trouble qui survient dans l'homme ou dans l'animal, chaque fois qu'un organe essentiel se trouve dans un état de souffrance.

Nous l'avons dit, la plante naît de parents qui lui sont semblables, elle croît, puis elle décline et elle meurt, comme toutes les créatures. Et durant la période qui sépare la naissance de la mort, l'économie végétale se maintient par les mêmes procédés que l'organisme animal. Mais pour que la plante puisse vivre, il lui faut un milieu conforme à son organisation; il faut qu'elle respire librement, et qu'elle ait une nourriture saine et abondante. Lorsqu'une cause quelconque vient troubler le jeu régulier de ses organes, elle ne tarde pas à s'étioler et à dépérir. Pour peu qu'on l'observe alors avec attention, on est frappé de voir combien elle diffère de ce qu'elle est habituellement. On sent que l'on est en présence d'un être malade, et si c'est une plante que l'on voudrait conserver, on songe involontairement à lui porter secours.

« Les végétaux, écrivait Duhamel qui les connaissait si bien, les végétaux doivent être sujets à quantité de maladies; car dans une machine aussi fine et aussi composée, les moindres dérangements doivent se rendre sensibles par des symptômes qui annoncent que les plantes qui les éprouvent sont dans un état de souffrance. »

Pourquoi, du reste, s'étonner de voir les plantes sujettes à des maladies fréquentes et variées comme les animaux? Quand on sait que les plantes ont des corps organisés comme eux, on doit s'attendre à rencontrer parmi elles des maladies semblables à celles des animaux. Déjà Bertholon faisait observer que tout être qui naît, qui vit et tend rapidement à la destruction, c'est-à-dire à la mort, doit être sujet à une multitude d'altérations et de changements d'état, bons ou mauvais. Aussi les fléaux qui ravagent le monde végétal offrent-ils parfois une singulière ressemblance avec ceux qui nous visitent. Cette ressemblance est si grande, qu'on se sert le plus souvent des mêmes dénominations pour caractériser les maladies des plantes et celles de l'homme ou des animaux.

En effet, lorsque les plantes s'affaiblissent, s'étiolent et s'affaissent, parce qu'elles n'ont point une nourriture suffisante, n'est-on pas en droit de dire qu'elles sont malades d'inanition? Et lorsqu'une trop grande abondance d'aliments produit d'autres désordres, lorsqu'elle ralentit le mouvement de la séve, arrête la transpiration, gêne la respiration et corrompt les liqueurs, la plante ne souffre-t-elle pas d'une véritable pléthore?

Il y a des végétaux, tels que l'avoine, les hortensia, les azalées, le maïs et les cinéraires, qui tombent dans un état de faiblesse ou d'anémie lorsqu'ils manquent du fer qui leur est indispensable. Leur séve s'appauvrit, leurs feuilles blanchissent, ils perdent la faculté de fleurir, ils deviennent stériles, bref, ils offrent tous les symptômes de la chlorose, absolument comme un être humain, dont le sang n'a pas assez de fer. Pour raviver la plante, que fait-on dans ce cas? On lui administre des substances ferrugineuses, comme on administre du fer à une personne affaiblie par la chlorose.

Les vieux ormes à larges feuilles et les noyers sont sujets à des maladies qui proviennent de l'extravasion de la séve, maladie mortelle au bout de peu d'années. Souvent aussi, l'on remarque dans ces arbres des extravasions du suc propre, qu'on peut regarder comme des hémorrhagies ; mais c'est là, selon Duhamel, un accident qui, parfois, leur est plus utile que nuisible, comme certaines hémorrhagies sont parfois utiles à la santé de l'homme et des animaux. Les cerisiers, les pruniers, les pins, les amandiers, et en général les arbres dont le suc est résineux, ont souvent ces extravasions.

D'autres fois, ces mêmes êtres souffrent de nombreux accidents semblables aux éruptions du sang dans les vaisseaux lymphatiques, éruptions qui, dit-on, produisent les inflammations dans le corps des animaux. Duhamel a remarqué que le suc gommeux s'introduisait alors dans les vaisseaux de la plante, et qu'il y occasionnait des obstructions qui faisaient périr toute la partie de l'arbre située au-dessus de ce dépôt.

Les plantes sont parfois affectées d'ulcères, remarque ce même naturaliste. Alors l'écorce se détache du bois dans quelques parties du tronc, et l'on voit suinter une liqueur corrosive qui endommage les parties voisines; et fait que le mal se communique de proche en proche, comme cela s'observe dans les plaies des animaux [1].

Les maladies étant semblables dans les deux règnes, des naturalistes distingués ont pensé qu'on pouvait les combattre par les mêmes moyens, et les guérir par les mêmes procédés.

Boerhaven, le célèbre médecin, réussit à guérir, en leur administrant divers médicaments, les gros arbres de la promenade publique de Leyde, qu'on avait mutilés. Bacon de Verulam, le grand philosophe, ayant préconisé la saignée des arbres, on s'empressa de la pratiquer en Angleterre. Bertholon, à qui de nombreuses expériences avaient démontré la grande influence de l'électricité sur les végétaux, proposa de les

---

[1] Duhamel, *Physique des arbres*, vol. II.

électriser lorsqu'il y avait suppression de la transpiration, ou lorsque les vaisseaux étaient obstrués et engorgés.

Au dix-huitième siècle, Roger Schabol fit de la médecine et de la chirurgie végétale une véritable science, et tous ceux qui aiment les plantes devraient honorer sa mémoire ; car il a signalé plusieurs maladies inconnues avant lui, et il a découvert un grand nombre de remèdes salutaires. « Par une de ces idées heureuses et qui n'appartiennent qu'à des esprits vastes, dit un de ses contemporains, il chercha dans l'anatomie humaine et dans la médecine la solution des problèmes qu'offre la vie des plantes, et des remèdes pour la guérison de leurs maladies. » Il traita les plantes comme on traite le corps humain, en les assujettissant à la diète et à l'abstinence, en les saignant, en les scarifiant, en leur appliquant des topiques et des appareils, en employant des bandages et des ligatures. Les cures de Roger Schabol excitèrent une vive admiration ; son travail sur l'analogie entre les plaies des végétaux et celles des animaux fut couronné par l'Académie royale de chirurgie de Paris, et Louis XV se crut obligé de féliciter publiquement l'infatigable médecin des plantes.

Par des soins intelligents on réussit quelquefois à sauver des végétaux qui semblaient devoir mourir. Tous ceux qui ont élevé des plantes savent avec quelle sollicitude on veille sur leur existence, et combien on finit par s'attacher à ces êtres si expressifs dans leur silence. Je doute qu'il y ait un animal dont la physionomie puisse exprimer un état de souffrance plus clairement, que celle d'un chêne ou d'un palmier atteint d'une grave maladie. Lorsqu'une plante qu'on a longtemps aimée est en proie à quelque mal incurable, on éprouve en sa présence, le même sentiment de détresse qu'à la vue d'un être impressionnable, dont on ne peut soulager les mortelles souffrances.

Mais la plante malade souffre-t-elle réellement? On serait tenté de le croire. En effet, si l'état de santé et l'état de maladie contrastent dans le monde végétal d'une manière aussi profonde que dans le règne animal; si la plante malade offre au regard de l'observateur un spectacle de tout point analogue à celui que présentent les animaux qui souffrent, n'est-on pas en droit de penser que la plante malade doit, elle aussi, éprouver des sensations douloureuses, des sensations qui concordent avec sa physionomie tout empreinte de souffrance? On voudrait répondre affirmativement.

Mais, objectera-t-on, dire que la plante est capable d'éprouver des sensations douloureuses, c'est l'assimiler aux êtres animés. Or, pour justifier une pareille assimilation, il ne suffit pas de montrer la ressemblance qui existe entre la maladie des plantes et l'état de souffrance des animaux. Ce qui révèle la faculté de sentir dans un être, c'est surtout son instinct de conservation, c'est son énergie, c'est la diversité des moyens qu'il emploie pour se maintenir dans le grand combat de la vie — lutte suprême, dans laquelle se trouvent engagées toutes les créatures qui respirent sur la Terre : hommes, bêtes et végétaux.

L'objection est fondée ; aussi nous proposons-nous de rechercher, dans les pages qui suivent, si la plante ne possède pas ces instincts et ces énergies qui pourraient nous révéler son âme.

LA PLANTE

A LA RECHERCHE DE SA NOURRITURE

La nutrition apparaît dans tous les êtres organisés comme l'acte le plus essentiel à leur conservation. Les animaux se meuvent tout entiers vers l'objet qu'ils convoitent, tandis que la plante n'envoie à la recherche de sa nourriture que quelques-unes de ses parties. C'est au moyen d'organes spéciaux, des racines, qu'elle cherche dans le sol les matériaux nécessaires à sa nutrition. Quand on l'observe pendant qu'elle explore ainsi le terrain, on ne tarde pas à découvrir en elle des indices d'énergie, des signes évidents de persévérance ; et l'on se convainc que les efforts qu'elle fait pour trouver une nourriture conforme à son organisation, ne sont pas moins réels que ceux par lesquels les animaux arrivent au même but.

L'énergie que les plantes décèlent en cette circonstance est telle, qu'on les voit souvent diriger leurs racines à travers le roc même vers la terre où se trouve une nourriture abondante. Les grands châtaigniers qui vivent sur le mont Etna savent trouver le lit des sources, malgré l'épaisseur des laves et des rochers.

Bien plus, les végétaux semblent posséder une sorte d'instinct, en vertu duquel ils reconnaissent la bonne terre, et poussent vers elle leurs racines. Lord Kainer raconte le fait suivant, confirmé par Murray [1]. Au

[1] Murray, *Froriep's Notizen*, t. XXXVIII.

milieu des ruines de New-Abbey, dans le comté de Galloway, s'élève un érable qui croissait anciennement sur un des murs. Soit qu'il s'y trouvât à l'étroit ou qu'il y manquât de nourriture, il fit descendre le long de la muraille une forte racine qu'il fixa solidement dans la terre au-dessous. Lorsque cette racine eut pris de la consistance, l'érable, pour s'y asseoir, détacha petit à petit ses autres racines du mur où il avait vécu jusque-là, et s'en sépara entièrement, pour vivre désormais dans le sol où il s'était transporté par ses propres efforts.

Murray cite encore le fait suivant [1]. Un groseillier qui se trouvait dans un endroit où il ne pouvait prospérer, fit avancer une de ses branches vers une terre plus fertile. Cette branche prit racine, et commença elle-même à se transformer en arbuste, tandis que la

[1] *Fror. Not.*

tige primitive disparaissait complétement du sol où elle s'était élevée. Ainsi, cet être, après avoir atteint la bonne terre vers laquelle il s'était porté, s'y installait définitivement, et cessait de demander sa nourriture au sol aride qu'il abandonnait.

On peut observer, sur les bords du lac de Côme, près de la villa Pliniana, des racines que les arbres des hauteurs font descendre le long des rochers. Ces racines se dirigent vers la bonne terre, y pénètrent profondément et se tranforment en tiges nouvelles, tandis que les anciennes finissent par dépérir entièrement.

Nous mentionnerons encore un fait, dont nous avons été témoin à Saint-Thomas, petite île des Antilles. Sur un rocher de 4 à 5 pieds de haut, avait germé une plante, un grenadier. Il s'y était élevé, à quelque distance du bord, tout près du mur d'une citerne qu'on avait établie sur le rocher. La plante grandissait à vue d'œil pendant les premières années de son existence. On eût dit qu'elle avait hâte de s'élever au-dessus du mur qui lui interceptait les rayons du soleil. Quand, après quelques années, nous la revîmes, c'était un être mince, élancé, ayant la forme et l'aspect d'un peuplier. Ses racines avaient étreint le rocher et avaient pénétré dans les moindres interstices. Il avait une attitude penchée ; tout en lui décelait un état de souffrance et de langueur. C'est à cette époque, où il semblait devoir mourir, qu'il fit descendre le long du rocher une forte racine, laquelle, ayant atteint la terre fertile, y pénétra bientôt, en se frayant un passage à travers les petites plantes qui encombraient la plate-bande. Cette nouvelle racine prit une grande vigueur, tandis que les anciennes, qui étreignaient le rocher, s'en détachèrent et commencèrent à dépérir : l'arbuste changeait visiblement de point d'appui. Il finit par abandonner entièrement le roc où il était né, pour prospérer dans la terre vers laquelle il avait dirigé ses racines et s'était transporté tout entier.

Quelques observations, peu nombreuses il est vrai, tendraient néanmoins à démontrer que les végétaux sont privés de la faculté de reconnaître la terre fertile et d'y envoyer leurs racines. La seule expérience de quelque importance est, croyons-nous, celle de M. Durand (de Caen). Cet observateur a vu les racines de quelques plantes qu'il avait élevées dans des appareils disposés à cet effet, côtoyer la bonne terre sans y pénétrer. Isolée comme elle est, cette expérience ne peut, à elle seule, décider la question et contre-balancer le grand nombre de faits contraires observés dans diverses espèces, et toujours sur des individus vivant en liberté. Aussi la plupart des physiologistes ont-ils continué, après comme avant cette observation, à penser que les végétaux peuvent reconnaître la bonne terre, ou du moins qu'ils ont une tendance à diriger vers elle leurs racines.

Lorsque l'on considère dans leur ensemble les faits qui se rattachent à la nutrition des végétaux ; lorsqu'on voit ceux-ci montrer de la persévérance dans la recherche de leur nourriture, abandonner une terre aride pour se porter vers une terre plus fertile, on est presque tenté d'admettre que ces efforts sont des actes spontanés, et que l'individu dont ils émanent doit éprouver une sensation quelconque ; de même que l'on se croit autorisé à voir dans la bête un être sentant, parce qu'elle agit d'une manière analogue, quoique dans une sphère différente.

LA PLANTE ET LE SOLEIL

Lorsqu'on observe les efforts que font les animaux, soit pour se procurer leurs aliments, soit pour se soustraire aux influences qui leur sont nuisibles, soit enfin pour se maintenir dans des conditions favorables à leur bien-être, on admet, sans difficulté, que ces efforts sont des actes volontaires de l'individu, et non les manifestations d'une force inconsciente que l'on est convenu d'appeler la force vitale.

4

Il en est autrement quand il s'agit des plantes. Leur organisation, leur port, leur forme, leur immobilité apparente, leur manière de croître et de vivre, offrent une si grande divergence avec notre constitution et notre propre mode d'exister, que nous nous sentons fort peu disposés à voir la manifestation d'une âme dans aucun des phénomènes dont se compose la vie de ces êtres mystérieux.

Et pourtant on vient de les voir révéler je ne sais quel âpre et vigoureux instinct, semblable à celui qui porte l'animal à chercher sa nourriture. Mais ce n'est pas seulement dans les circonstances qui accompagnent la nutrition, que l'on peut découvrir chez les végétaux les traces d'une force animée. La plante semble, comme les autres êtres organisés, posséder des tendances multiples, des penchants divers qui la dominent

et la dirigent dans le cours de son existence.

De toutes les créatures que nourrit la
Terre, aucune ne recherche la lumière avec
autant d'avidité que la plante. Elle y pros-
père, elle s'y complaît. On pourrait dire
avec Schelling le philosophe, que si la
plante sentait comme les êtres humains,
elle devrait adorer la lumière comme son
Dieu.

Nous avons déjà indiqué la faculté que
possèdent les végétaux de se diriger vers la
lumière, lorsque, plus haut, nous avons
expliqué la rapide croissance d'un grenadier par l'effort qu'il faisait pour s'élever
au-dessus du mur qui lui dérobait les
rayons du soleil.

Gœthe a fait des observations analogues
mais beaucoup plus concluantes.

« Lorsqu'un chêne qui vit dans une forêt,

dit-il, a de grands arbres pour voisins, il manifestera une tendance constante à s'élever tout droit à la recherche de l'air et de la lumière. Il étendra fort peu de branches dans une direction latérale. Encore ces branches isolées dépériront-elles, et finiront-elles par tomber avant le premier siècle révolu. Le chêne a-t-il atteint le but de ses persévérants efforts, sent-il enfin sa cime s'agiter librement dans la lumière, un sentiment de repos succède à cette incessante activité. Bientôt après il commence à développer de nombreuses branches latérales, afin d'en former sa couronne. Mais au moment où il entre dans cette nouvelle phase d'activité, il est déjà dans la seconde moitié de son existence. Les efforts continus qu'il a faits pour arriver à la lumière du ciel, auront épuisé toute la vigueur de sa jeunesse, et le nouvel effort par lequel il voudra montrer sa puissance n'aura point le succès qu'il s'en promettait. Après son entier développement, il se présentera à nous comme un être élancé, grand, fort même ; cependant le défaut de proportion entre sa tige et sa couronne nuira essentiellement à sa beauté [1]. »

Glocker a observé le fait suivant. Un stachide (*stachys recta*), avait pris naissance près de la lisière d'une forêt, au milieu d'une haie très-épaisse. A peine la plante eut-elle atteint quelques centimètres de hauteur, qu'elle s'arrêta dans son développement vertical, pour incliner sa tige et la faire avancer dans une direction horizontale vers une petite ouverture qui laissait pénétrer dans la haie une lumière plus intense. Le stachide continua de croître ainsi horizontalement vers la partie la plus éclairée, jusqu'à ce qu'il y fut parvenu. Dès ce moment il re-

[1] Eckermann, *Conversations avec Gœthe*, vol. III.

4.

leva sa tige et reprit sa direction normale en croissant verticalement [1].

On a vu des pommes de terre qui avaient germé dans une cave, s'élever jusqu'à 25 pieds au-dessus du sol, pour atteindre à l'unique soupirail par lequel la lumière pénétrait dans le souterrain [2].

Une expérience faite par Tessier, et souvent répétée après lui, prouve jusqu'à l'évidence que ces plantes, en agissant ainsi, obéissent uniquement à un instinct, à une tendance qui les porte vers la lumière, et que le besoin d'air n'y est pour rien. Si différentes plantes qui ont germé dans une cave sont placées entre deux soupiraux, dont l'un, établi dans un point obscur, laisse

[1] Glocker, *Versuch über die Einwirkung des Lichts auf die Gewæchse.*

[2] *Mémoirs of the American Academy of Arts and Sciences,* vol. II.

pénétrer librement l'air atmosphérique, tandis que l'autre, étant vitré, donne accès à la lumière seulement, on verra tous les végétaux croître vers le soupirail éclairé, mais fermé[1].

On a observé, et ceci est tout à fait digne de remarque, que les végétaux qui vivent ainsi dans les souterrains se dirigent en droite ligne vers la lumière, mais que, ne pouvant soutenir leur tige gigantesque, qui acquiert jusqu'à sept ou huit fois la longueur normale, ils la laissent traîner sur le sol, pour la relever dès qu'elle aura atteint le mur où se trouve le soupirail, et contre lequel ils s'appuieront désormais.

On ne peut se défendre d'un sentiment de surprise en voyant des êtres considérés de tout temps, à tort ou à raison, comme absolument insensibles, non-seulement déceler

[1] Lamarck et de Candolle, *Flore française.*

une grande impressionnabilité sous l'action de la lumière, mais encore se porter à sa rencontre avec une énergie telle, que ne pouvant y atteindre autrement, ils modifient spontanément leur mode habituel de croître pour se mettre à ramper et à grimper vers elle.

Remarquons encore l'ingénieuse expérience faite par Mustel. Cet habile observateur plaça devant un pot de jasmin (*jasminum azaricum*) une petite planche où il avait ménagé plusieurs ouvertures de 2 pouces de diamètre, à une distance de 6 pouces les unes des autres. Le jasmin changea la direction de sa tige et s'achemina vers la lumière, en traversant l'ouverture la plus rapprochée. Mustel donna aussitôt à la planche et au jasmin une position tout opposée, de sorte que la tige, qui avait passé par le premier orifice, se trouva dans l'ombre;

mais la plante vint de nouveau s'offrir à la lumière, en traversant la seconde ouverture. Après avoir ainsi plusieurs fois réitéré l'expérience, Mustel eut la satisfaction de voir la tige traverser toutes les ouvertures, et courir en zigzag des deux côtés de la planche [1]. Ce fait ne rappelle-t-il pas l'instinct auquel obéit l'oiseau qui s'échappe, lui aussi, par la première ouverture qu'on lui aura ménagée ?

Le fait suivant, cité par M. Fechner, en même temps qu'il démontre combien le besoin, le désir d'entrer en contact avec la lumière domine les végétaux, nous semble aussi pouvoir être proposé comme un exemple de l'énergie dont sont capables ces êtres, lorsqu'ils tendent à sortir d'une situation défavorable à leur existence.

[1] Mustel, *Traité de la végétation*.

Le professeur Schwægrichen (de Leipzig), bien connu des botanistes, fut informé qu'un nouveau genre de cryptogame venait d'être découvert dans les mines profondes du Mansfeld. Sa tige écailleuse s'était élevée à une hauteur de 120 pieds, sans avoir néanmoins réussi à atteindre l'entrée de la mine. Qu'était-ce que ce prétendu cryptogame? Une clandestine écailleuse, plante qui, d'ordinaire, a de $0^m,15$ à $0^m,20$ de hauteur.

Jetée par un hasard quelconque dans cette grande profondeur, elle s'était mise à chercher ce qui lui manquait le plus, c'est-à-dire la lumière. Le seul moyen d'y arriver, c'était de croître, de croître toujours; ainsi avait fait cette plante qui, au moment où elle fut découverte se dirigeant vers la lumière, avait déjà dépassé plus de cent fois la hauteur qu'elle acquiert quand elle vit à la surface de la terre.

Lorsque la chenille tend à passer de son état de chenille à une existence meilleure, un instinct lui révèle qu'il lui faut d'abord concentrer tous ses efforts dans un travail unique, celui de filer un cocon. Nous croyons que cet instinct merveilleux est de même nature que celui qui avait appris à la clandestine que, pour arriver à la lumière et y trouver une existence meilleure, il lui fallait d'abord concentrer toutes ses énergies dans un acte unique, celui de croître.

Il est à remarquer que cet être avait commencé à chercher la lumière avant que celle-ci l'eût atteint, de sorte que la tendance qui le portait vers elle s'était spontanément révélée en lui, sans que le moindre rayon solaire eût pénétré dans la grande profondeur où il végétait. Cette circonstance, qui démontre que la plante n'avait point agi sous l'in-

fluence d'un agent extérieur, nous fait découvrir, dans le phénomène qui nous occupe,
l'empreinte caractéristique de tout acte vo-
lontaire : la spontanéité. Nous ne voudrions pas soutenir que la clandestine savait
précisément que c'était la lumière qu'elle
cherchait, mais nous n'aurions aucune
objection sérieuse à opposer au lecteur qui
penserait que cet être devait sentir ce
qui lui était nuisible ; et ce qui lui était
nuisible, c'était ce milieu où il ne pouvait ni produire ses feuilles et ses rameaux,
ni se propager. Sortir de cette condition
anormale semble avoir été le but unique de
ses efforts.

INDIVIDUALITÉ VÉGÉTALE

Quoiqu'on ait cru reconnaître une impulsion intérieure, un acte spontané, dans l'effort que faisait, pour se mettre en contact avec la lumière, la clandestine dont nous avons raconté l'histoire, on éprouve une certaine hésitation à considérer comme un fait acquis l'existence de cette spontanéité dans tous les végétaux. Si on la leur accordait, on serait amené à les regarder comme des êtres doués d'instincts particuliers, et par suite, comme possédant la faculté ou la liberté d'obéir à ces instincts individuels.

Sans toucher ici à la question de la liberté des âmes, nous dirons simplement qu'il nous semble qu'une créature, quelle qu'elle soit, peut se sentir libre, dès l'instant qu'elle obéit à une impulsion intérieure, à un instinct qui lui est propre.

Aussi, malgré le résultat contraire auquel sont arrivés quelques penseurs isolés, la plupart des observateurs s'accordent-ils à reconnaître aux animaux la faculté d'agir librement, sous l'impulsion de leurs différents instincts.

Mais comment arriver à la même conclusion quand il s'agit de plantes ? Peut-on signaler, dans le règne végétal, non pas quelques phénomènes isolés, mais des faits constants qui nous autorisent à penser que les végétaux possèdent, dans une mesure quelconque, cette liberté sans laquelle nous ne saurions voir en eux des êtres animés?

Ce qui nous frappe tout d'abord lorsque nous commençons à rechercher dans la plante des indices de liberté, c'est la faculté qui lui est réservée de diriger ses branches et ses rameaux diversement; c'est la puissance qu'elle possède de produire, selon les circonstances, peu ou beaucoup de branches, de feuilles, de fleurs; de les grouper, de les distribuer d'une manière toujours variable. Les bourgeons, les feuilles, les fleurs d'un châtaignier apparaîtront dans tel endroit, plutôt que dans tel autre; les branches ou la tige en seront droites ou tordues, sans que l'on puisse attribuer la cause de ces différences aux agents extérieurs, à l'air, à la lumière.

Cette dernière remarque nous semble

d'autant plus juste, qu'en examinant des végétaux d'une même espèce, par exemple des chênes qui croissent sur un même sol, nous apercevons dans ces plantes des divergences très-sensibles. Les unes se sont divisées en deux, les autres en trois branches qui se trouvent à des distances inégales du sol, et forment avec lui les angles les plus variés. Les feuilles, les rameaux, les fleurs viennent s'y grouper dans un ordre qui diffère toujours d'individu à individu. Loin d'observer que ces êtres soient soumis, quant à la production de ces différentes parties, aux lois immuables qui régissent la matière inanimée, on sent, au contraire, qu'ils sont libres d'en varier indéfiniment le nombre et la direction.

Cette même liberté d'évolutions que nous venons d'observer dans la vie aérienne des végétaux se manifeste aussi, quoique moins

distinctement, dans leur vie souterraine;
puisqu'ils ont la faculté de diriger leurs racines vers la bonne terre, et de les ramifier
diversement.

Cette infinie variété que décèle la plante,
lorsqu'elle produit ses organes aériens ou
qu'elle promène ses racines dans le sol,
constitue un de ces phénomènes de la végétation qui échappent aux lois de la physique.

Ce que nous connaissons de la chaleur,
de l'électricité et des autres forces de la
nature, ne saurait en rendre compte, et dès
lors nous sommes porté à considérer ce phénomène comme un indice de liberté individuelle, dont seraient doués les végétaux.
Quoique cette explication soit trop opposée à
la manière dont on envisage habituellement
les plantes pour qu'on l'accepte sans difficulté, les faits que nous allons exposer tendraient néanmoins à la justifier.

Nous appellerons de nouveau l'attention du lecteur sur la diversité que décèlent, dans leur accroissement, les végétaux d'une seule et même essence, diversité qu'on peut rapprocher des penchants souvent dissemblables que l'on observe dans les animaux issus de mêmes parents.

Deux pepins d'une même pomme ont été mis dans une même terre; ils sont restés exposés aux mêmes influences; ils ont germé, ils ont prospéré; ils sont devenus de beaux arbres que nous allons examiner avec attention. On remarquera tout d'abord une grande conformité dans les deux individus : feuilles de même forme, écorce et aubier de même aspect, similitude dans le port. Mais, si l'on y regarde de plus près, on verra percer à travers cette ressemblance générale des différences très-sensibles, d'une nature particulière, et que l'on pourrait appeler psychique. L'un des deux êtres, comme impatient d'agrandir son cercle d'action, aura commencé de bonne heure à se bifurquer tout près du sol, et longtemps avant son voisin. Tous les ans, ses fleurs et ses fruits seront plus précoces et plus abondants que ceux de l'autre; il sera aussi plus feuillé, plus branchu, et nous lui attribuerons presque involontairement un caractère plus actif, un tempérament plus remuant. Bref, on verra ces deux êtres se conduire à peu près comme feraient deux frères, auxquels on aurait prodigué les mêmes soins, et qui, en grandissant, montreraient néanmoins des penchants opposés.

Qu'il nous soit permis de rappeler le fait suivant, qui nous semble un exemple curieux de la ténacité avec laquelle les êtres du règne végétal maintiennent, à travers le caractère commun à l'espèce, leur

aptitude, nous allions dire leur liberté individuelle.

Plusieurs centaines de marronniers vivent dans le jardin des Tuileries sous les
mêmes influences climatériques, et y reçoivent tous des soins semblables. Eh bien, il
y en a un, très-connu des Parisiens, d'un
tempérament plus actif, d'un caractère
plus entreprenant que ses pareils. A peine
les premiers rayons du printemps commen-
cent-ils à paraître, que notre marronnier
se réveille, et le voilà produisant bourgeons
et feuilles plusieurs semaines avant les autres habitants du jardin, bien longtemps
avant le réveil de son voisin, dont les branches noires et toutes nues viennent se mêler
aux siennes, pour mieux en faire ressortir la
verdure précoce, et mieux faire apprécier
la différence de caractère qui existe entre
ces deux individus. Depuis vingt ans que

nous observons cet arbre, jamais nous ne l'avons vu faillir à sa réputation.

De Candolle, qui a observé des faits semblables en Suisse et à Montpellier, croit, avec raison, que l'on ne saurait expliquer ces phénomènes autrement que par le tempérament tout particulier des individus.

Quoiqu'on ait des observations nombreuses et minutieuses à cet égard, jamais on n'a vu croître d'une manière absolument identique des plantes appartenant à la même espèce, et vivant dans la même terre. Soit par un accroissement plus ou moins rapide, soit par une plus abondante production d'organes, elles ont toujours décelé une variété infinie, analogue à celle que l'on observe dans les manières toujours différentes d'agir des animaux de même race, vivant dans un même milieu.

C'est avec intention que nous insistons

sur cette analogie : car si elle était fondée ;
si l'on avait eu raison d'établir un rapport
entre l'accroissement des plantes et l'activité
des animaux, il en résulterait que la plante
qui se développe dans l'espace, accomplit
un travail en quelque sorte libre et spontané. Ce serait là un fait bien inattendu.
Aussi, avant de l'admettre, convient-il de
rechercher avec soin quel est le rôle que
l'acte de croître remplit dans le règne végétal.

ACTIVITÉ DE LA PLANTE

Du moment que nous eûmes observé la faculté que possèdent les végétaux de se diriger vers la lumière, nous avons présumé que la croissance avait, chez les plantes, une signification autre que dans le règne animal ; de sorte que notre croissance et celle des végétaux constitueraient deux phénomènes fort peu comparables entre eux, quoique souvent nous les confondions dans une même dénomination.

Un animal quelconque aura toujours le même nombre d'organes et de membres, lesquels se trouveront toujours à la même place, toujours disposés de la même manière. La faculté d'y introduire la moindre modification lui est entièrement refusée. Il n'en est pas de même des végétaux ; car, ainsi que nous l'avons déjà fait observer plus haut, la plante est libre de produire des organes en nombre illimité, de les renouveler et de les disposer dans un ordre toujours différent.

La croissance de la plante nous apparaît spontanée, libre, pleine d'imprévu et de variabilité. Les plantes, en se développant dans toutes les directions, atteignent au même but que poursuivent les animaux par leurs mouvements de translation, puisque c'est par un accroissement incessant, partiel ou général, qu'elles cherchent leur nourriture, qu'elles se dirigent vers la lumière, qu'elles accomplissent enfin l'acte de fécondation.

Les différentes saisons, la température, la lumière, l'obscurité, la chaleur, n'ont aucune influence sur la croissance générale des êtres du règne animal. Ils croîtront d'une manière égale, malgré les changements de saisons et de température ; l'accroissement des plantes, au contraire, variera selon le temps qu'il fait, selon la température, selon les saisons.

C'est précisément par sa différente manière de croître que la plante, répondant aux sollicitations des agents extérieurs, réagit de son côté sur les éléments dont elle est enveloppée de toutes parts. Ce sera par un accroissement continu, par une transformation incessante, qu'elle satisfera aux diverses tendances qui l'animent, et qu'elle

atteindra le but de son existence, exactement comme les animaux remplissent le
cercle de leur vie par des actes successifs et
incessants.

Mais en même temps que nous constatons
ainsi le rôle essentiellement différent que la
croissance remplit dans les deux séries d'ê-
tres organisés, nous voyons, d'autre part,
se dessiner plus nettement l'analogie qu'offre la croissance des plantes avec l'activité
des animaux. En effet, dans le monde des
végétaux, cesser de croître c'est cesser de
vivre, de même que dans le règne animal,
la vie cesse avec la faculté d'agir. Pour
les végétaux, croître c'est agir. L'observation de quelques faits achèvera de mettre en
relief la justesse de cette assertion.

Remarquons tout d'abord que, de même
que les animaux modifient spontanément
leur manière de vivre ou d'agir selon les pays

qu'ils habitent et selon les différentes saisons, de même aussi les plantes semblent posséder la faculté de se plier à la force des circonstances, d'arranger, de modifier leur accroissement selon le temps et les saisons, selon le sol et le climat.

Il serait inutile, je crois, d'insister sur la faculté qu'ont les végétaux de modifier leur manière de croître selon les différentes saisons ; de rappeler leur activité au printemps, leur indolence en hiver, saison durant laquelle ils semblent dormir, comme font aussi beaucoup d'animaux. D'autres faits, moins connus peut-être, fixeront un instant notre attention.

On se rappelle comment, selon Gœthe, se conduit le chêne qui vit dans l'ombre. Cet attentif observateur de la nature va nous apprendre, maintenant, comment agissent des chênes qui vivent dans des conditions différentes.

« Si un chêne, dit-il, se trouve isolé sur un sol humide, marécageux et par trop fertile, il produira de bonne heure des branches et des rameaux en grand nombre et dans toutes les directions ; mais l'absence d'influences contraires et modératrices se fera remarquer. L'individu ne sera point trapu, raboteux, vigoureux. Vu de loin, il aura un air de mollesse, rappelant celui du tilleul. Il ne sera pas beau, ou du moins il n'aura pas la beauté du chêne. Par contre, le chêne qui vit sur le penchant d'une montagne, sur un sol pierreux et aride, sera, il est vrai, anguleux, noueux, mais il le sera outre mesure. Tous les efforts qu'il fera pour se développer complétement seront constamment paralysés. Contrarié, arrêté de bonne heure dans son libre accroissement, il ne parviendra jamais à ce qu'on dise de lui en le voyant : Il règne dans cet être quelque chose qui nous cause de l'étonnement.

Une terre sablonneuse, dans laquelle il peut faire pénétrer de puissantes racines dans toutes les directions, paraît être celle qui convient le mieux au chêne ; et puis il faut que tout autour l'espace soit suffisamment libre, afin que l'arbre puisse de toutes parts s'offrir à l'action des éléments, et se pénétrer des influences de la lumière et du soleil, de la pluie et du vent. S'il a mollement vécu à l'abri des orages et des intempéries, il n'en adviendra rien de bon. Une lutte séculaire avec les éléments le rendra fort et puissant, et lorsqu'il aura atteint son entier développement, nous nous sentirons en sa présence saisis d'admiration et d'étonnement [1]. »

Ce qui prouve l'exactitude des faits observés par Gœthe, c'est que les végétaux modifient toujours leur manière de croître lorsqu'on les transplante d'une terre dans

[1] Eckermann, *Conversations avec Gœthe*, vol. III.

une autre, ou que l'on change leur exposi-
tion relativement au soleil. Ce revirement,
dans les dispositions de l'individu, se manifeste d'une manière très-apparente.

C'est ainsi que le noyer et le marronnier,
lorsqu'ils vivent au bord des eaux, se jettent
en arcades comme font la plupart des végétaux
aquatiques. Mais ils changent complétement
de port et d'attitude lorsqu'on les transporte loin des eaux, dans un sol aride[1].

L'aloès, qui vit sur des rochers, creuse ses
feuilles en écope pour recevoir les eaux du
ciel, tandis qu'il a ses feuilles planes quand
il croît au bord de l'eau.

Liebig a observé que la simple transplan-
tation d'un amandier suffit parfois pour que
l'individu qui portait des amandes amères,
en produise désormais de douces[2].

---

[1] Bernardin de Saint-Pierre, *Études de la nature.*
[2] Liebig. *Chemische Briefe.*

La pêche qui est, dit-on, fort malsaine en Perse, son pays natal, est devenue chez nous un des fruits les plus appréciés.

En général, la culture agit profondément sur le caractère de la plupart des plantes, ce qui rappelle l'influence que la domestication exerce sur une foule d'animaux. Comme ceux-ci, les végétaux changent de mœurs et d'habitudes sous l'influence continue de l'homme. C'est à peine si vous voudrez reconnaître dans l'humble églantier l'ancêtre des superbes rosiers de votre jardin. La plante a non-seulement transformé ses étamines en pétales pour créer la fleur que vous admirez, mais elle a changé de port et d'aspect, et a fini par exhaler ce parfum que l'églantier ne distille pas.

D'autres fois ce n'est ni le climat ni la nature du sol qui détermine la plante à modifier sensiblement sa manière habituelle de

vivre et d'agir : c'est le nombre de ses voisins, c'est le caractère ou la vigueur des
autres végétaux auxquels elle dispute le terrain.

Pour bien faire saisir notre pensée, nous
citerons quelques faits observés sur les rives
de l'Amazone, dans la forêt vierge, où l'a-
roïdée qui vit sur la cime des grands arbres
laisse flotter au gré du vent sa racine aérienne,
où la liane odorante enlace mollement le ro-
buste manglier, où des arbres monstrueux
entremêlent leurs branches énormes et se
pressent les uns contre les autres, comme
des géants engagés dans une lutte à outrance.

C'est bien, en effet, un combat à outrance
qui se livre dans cette enceinte mystérieuse.
Pour conquérir l'espace que tous se dispu-
tent, il faut que chaque individu rivalise de
force et d'adresse avec ceux qui l'entourent,

il faut que tous, plantes et animaux, mettent en œuvre les ressources et les énergies dont les a doués la nature. Au reste, la partie est sérieuse, elle est digne de persévérants efforts, car l'enjeu c'est la vie même.

Dans cette mêlée générale la plante qui est forte et active se développera prodigieusement, et tentera de s'élever au-dessus de ses plus puissants voisins afin de vivre librement dans l'air et la lumière. Voici, par exemple, les cédrels, les mimosées, les césalpinies, les gommiers et une foule d'autres végétaux qui sont d'une hauteur ordinaire quand ils vivent dans un milieu aéré sur la lisière de la forêt. Mais à mesure qu'ils pénètrent plus avant, ils prennent des proportions considérables ; et au cœur même de la forêt, ils deviennent des arbres gigantesques.

Toutefois, ce qu'il y a de vraiment curieux, ce qu'il importe surtout de faire observer, c'est qu'ici, où la mêlée est ardue, où par conséquent il leur faut s'élever très-haut pour ne point succomber, tous ces arbres, à quelque genre qu'ils appartiennent, produisent, à mesure qu'ils s'élèvent, de fortes racines qui partent de la tige à plusieurs mètres de terre, et forment ainsi de puissants étais. Il est à remarquer que ces racines n'apparaissent qu'ici, au centre de la forêt, et seulement lorsque ces arbres dépassent la hauteur normale.

Les plantes moins robustes, celles qui ne peuvent entrer en lutte ouverte avec ces formidables géants, ont recours à d'autres moyens, et offrent parfois au regard du penseur un spectacle aussi merveilleux qu'instructif. On voit alors des êtres qui sur les autres points du globe s'élèvent sans appui dans l'espace, changer ici leur manière habituelle de vivre, et se mettre à grimper pour atteindre aux branches supérieures des grands arbres. Les guttifères, par exemple, qui d'ordinaire ne sont point volubiles, s'enroulent ic' autour de végétaux plus robustes. Partout ailleurs on voit le palmier s'élever droit et magnifique au-dessus des massifs, et balancer gracieusement sa verte couronne dans les rayons du soleil. Mais ici, dans la forêt vierge, habite un palmier qui agit autrement. Comme à tous ses semblables, il lui faut de l'air et de la lumière ; mais impuissant à s'élever au-dessus de ses gigantesques voisins, il fait le contraire de ce que font ses frères qui vivent dans les oasis de l'Afrique ou sur le versant des Cordillères : il s'enroule autour des colosses de la forêt, et au moyen de griffes ou de crampons dont il munit l'extrémité de sa tige flexible, il va d'un arbre à l'autre à la recherche de la lumière.

Ainsi, voilà des arbres qui produisent eux-mêmes des étais qui leur sont utiles ici, et qui ne les produisent pas ailleurs, où ils seraient superflus; voilà encore des individus qui grimpent pour échapper à l'étreinte meurtrière de puissants voisins, tandis qu'ailleurs, où ce danger n'existe pas, toutes les espèces de cette même famille se distinguent par leur hauteur, par leur port altier et superbe.

Comment expliquer ces faits? De deux choses l'une: ou c'est l'intelligence universelle qui vient ici mystérieusement secourir chaque espèce et chaque individu, ou c'est l'espèce, c'est l'individu qui agit et combat par ses propres efforts. Nous penchons vers cette dernière hypothèse.

Il y a des végétaux qui, selon les heures de la journée, croissent autrement ou décèlent des propriétés différentes; ainsi fait le *bryophillum calycinum,* dont les feuilles, acidulées le matin, sont sans saveur dans la journée et très-amères au coucher du soleil. Bien plus, l'*hibiscus mutabilis,* ainsi que j'ai pu l'observer aux Indes, donne à sa fleur d'abord une teinte blanche ; vers midi il la colore en pourpre, et le soir, au moment où le soleil disparaît, le pourpre se transforme en rouge éclatant. *Victoria regia* porte des fleurs qui, au moment où elles s'épanouissent, sont toutes blanches ; mais quelques heures après, elle commence à les teindre en rouge.

Meyer, le physiologiste, assure que l'*amaryllis Josephinæ* croit deux fois plus vite le jour que la nuit.

De même qu'il existe des animaux dont les mouvements sont lents, et d'autres qui agissent et se meuvent avec une agilité extrême, il y a aussi des plantes qui croissent lentement, et d'autres qui se développent avec une étonnante rapidité.

Dans le jardin botanique de Caracas vivait une plante grimpante, un convolvulus, qui, dans l'espace de six mois, avait atteint une longueur de 6,000 pieds, de sorte qu'elle s'était accrue de plus de 24 pieds par jour, ou d'un pied par heure.

Victoria regia montre en son accroissement une activité réellement prodigieuse. Dans l'espace de quelques mois, elle produit une foule de feuilles énormes, dont quelques-unes atteignent en peu de temps jusqu'à 8 pieds de diamètre. Un jour que j'observais attentivement les feuilles de cette plante, il me sembla que je les voyais croître. Était-ce une illusion ? Je ne sais ; mais j'ai pu me convaincre que, dans un intervalle de vingt-quatre heures, une des feuilles s'était accrue de près d'un pied en diamètre. Au surplus, on a vu *Victoria regia* couvrir dans trois mois une nappe d'eau de plus de 120 pieds de superficie.

Lorsque cette plante extraordinaire se trouve dans de bonnes conditions climatériques, et que l'emplacement ne met aucun obstacle à son entier développement, elle s'étend facilement sur une surface de plusieurs centaines de mètres, ainsi que cela a lieu dans les grands fleuves du Brésil et de la Guyane. Alcide d'Orbigny a vu des Victoria, (*Victoria cruziana* d'Orb.), qui habitaient dans le Rio Parana, couvrir une surface immense. Sir Robert Schomburgk, le célèbre voyageur, a rencontré des Victoria en grand nombre dans la rivière Berbice, et il nous a dit qu'elles y vivaient par groupes, et s'étendaient quelquefois sur une espace de plusieurs milles anglais.

Un fait très-remarquable, c'est que l'on a

souvent vu des plantes modifier brusquement leur manière de croître, et montrer des
tendances opposées à celles qui les avaient
caractérisées jusque-là, sans que l'on ait pu
en trouver l'explication ailleurs que dans un
acte tout spontané de l'individu, exactement
comme les hommes ou les animaux modifient quelquefois subitement leur manière
d'agir.

Il y avait au Jardin des Plantes une agave
qui, pendant plus d'un siècle, y croissait lentement, lorsque tout à coup, et sans
cause apparente, elle commença, en 1793,
à s'élever avec une si grande rapidité, qu'il
y eut une époque où elle croissait de plus
d'un pied par jour[1].

Hartingh, qui a fait des observations fort
remarquables sur le houblon, affirme que
cette plante, qui croît d'abord assez lentement,

[1] De Candolle, *Physiologie*, etc.

accélère son accroissement de jour en jour, jusqu'à son entier développement[1].

Beaucoup de plantes sont plus actives à l'époque de leur floraison qu'à toute autre époque de leur existence, de même que nous remarquons dans les êtres de l'autre règne une activité plus inquiète au moment où l'amour les anime.

L'agave d'Amérique, qui fleurit dès sa troisième année dans les contrées du nouveau monde, d'où elle est originaire, reste communément cinq années avant de porter des fleurs, dans les régions méditerranéennes où elle est naturalisée. Dans les serres de nos contrées du Nord, son indolence naturelle prend des proportions extrêmes. Malgré la température élevée de la serre, elle croît si doucement, sa paresse est si grande,

[1] *Wiegmann's Archiv.*, 1844.

6.

qu'elle reste plus d'un demi-siècle avant de se décider à l'acte de la fécondation. Mais dès que l'instinct s'est réveillé en elle, ce n'est plus le même être. Du milieu du groupe formé par ses longues feuilles épineuses, elle élève impétueusement une gigantesque hampe florifère qui, dans le court espace d'une quinzaine de jours, acquiert jusqu'à 25 pieds de hauteur. Le mystère de la fécondation accompli, la plante meurt épuisée.

Au lieu de se porter tout entière d'un endroit dans un autre, comme font les animaux, les plantes, de la place qu'elles occupent, feront pénétrer toujours plus avant dans l'espace des organes sans cesse régénérés. Elles croîtront pendant toute leur vie, de même que les animaux ne cesseront d'agir tant qu'ils vivront. Nous l'avons dit : pour celles-là, vivre c'est croître, et croître c'est agir. Avec quelle activité le blé ne produit-il pas ses feuilles, sa tige et ses épis! Dès qu'il aura cessé de croître, il aura cessé de vivre. Les nouveaux bourgeons et les nouvelles feuilles que le chêne produit cette année, disparaîtront à leur tour et seront remplacés par d'autres. Le but du chêne, c'est de les produire, et non de les posséder. Il se complaît dans cette activité; ses racines, ses branches, ses feuilles, ses fleurs, ses fruits, sont ses œuvres; tous les ans il en entreprend de nouvelles et modifie les anciennes. L'observateur, si habile qu'il soit, ne peut saisir que les plus grossières, les plus apparentes modifications que l'activité incessante de la plante apporte dans toutes ses parties. Où est l'homme qui aurait compté tous les changements que le chêne fait subir à une seule de ses branches pendant quelques années de sa vie seulement?

Lorsque l'on a contemplé ce travail incessant, lorsque l'on a bien saisi cette tendance irrésistible qui porte les végétaux à se modifier, à se transformer, à se perfectionner, on ne peut nier qu'ils ne soient doués d'une activité prodigieuse, et l'on admet volontiers, avec de Martius, qu'ils sont des créatures très-laborieuses et très-diligentes.

LES PLANTES GRIMPANTES

Le lecteur n'a-t-il pas été parfois frappé du pouvoir qu'ont les végétaux de changer la position de leurs feuilles et de leurs fleurs, d'incliner, de relever, de tordre leurs tiges, leurs branches et même leurs racines? Ce sont là des mouvements partiels, continus ou passagers, qu'il ne faut pas confondre avec le mouvement général de l'individu. De même que les animaux peuvent se transporter d'un endroit à un autre, ou se borner à donner une nouvelle position à leurs membres, de même la plante peut non-seulement se développer dans l'espace, mais aussi imprimer à la plupart de ses organes des mouvements spontanés et volontaires.

Certaines plantes rampent ou grimpent à la recherche d'un appui, tandis que d'autres semblent uniquement occupées à diriger leurs feuilles ou leurs fleurs vers les rayons du soleil. Certaines porteront leurs tiges et leurs branches inclinées pendant la chaleur ou la sécheresse, et les relèveront sous l'action de l'humidité ou de la fraîcheur. Il y a des plantes tellement impressionnables, qu'elles ferment leurs feuilles au moindre contact.

Chaque plante agit d'une manière différente et caractéristique, de sorte que les phénomènes que nous étudions vont nous offrir une infinie variété. Les faits qui s'y rattachent sont du reste si nombreux, que nous nous bornerons à mentionner seulement quelques-uns des plus remarquables.

La plante que la nature a destinée à s'enrouler autour d'un appui s'élèvera d'abord tout droit en sortant de terre ; puis, après un certain temps, elle imprimera à l'extrémité de sa tige une direction horizontale. Bientôt après, on verra la partie inférieure de la tige se contourner en spirale. A la suite de ce mouvement, l'extrémité de la tige, qui avait suivi une direction latérale, décrira un cercle dans l'espace. La plante se sert par conséquent de cette extrémité comme d'un organe tactile, au moyen duquel elle cherche son appui en tâtonnant. Si le premier tour de spirale n'a point suffi, la plante recommencera la même évolution.

La tige, devenue plus longue, décrira cette fois un cercle plus large, et il se pourra

qu'elle rencontre l'appui qui ne s'était point
offert d'abord. Cependant si malgré tous ses
efforts, la plante ne parvenait pas à trouver ce
qu'elle cherche, elle abandonnera son premier projet, et, ne pouvant plus maintenir
le haut de sa longue tige dans une position
horizontale, elle se couchera tout entière sur
le sol, pour s'y traîner jusqu'à ce qu'elle rencontre sur son chemin l'étai qui lui est
nécessaire.

Elle sent aussitôt la présence de celui-ci,
car à l'instant même, cessant de courir sur
le sol, elle enlace son tuteur et commence à
s'y élever. Si elle n'avait point senti la présence de cet objet, si à son contact elle n'a-
vait point éprouvé quelque sensation qui
éveillât en elle l'instinct, le goût, la faculté
qu'elle a de grimper, il est évident qu'elle
aurait passé à côté de l'appui sans changer
de direction, ce qui lui aurait été plus com-

mode, ce semble, que d'entrer dans une voie nouvelle où désormais elle aura à lutter contre l'action de la pesanteur.

Que fera la plante quand elle aura atteint le sommet de l'objet autour duquel elle s'est enroulée? Elle n'y trouve plus un appui, et cependant le désir, le besoin de s'appuyer persiste en elle. Elle recommencera par conséquent les mêmes évolutions que nous avons remarquées au début de son existence : elle s'élèvera pendant quelques jours tout droit au-dessus du tuteur, puis elle inclinera horizontalement le haut de sa tige, qu'elle promènera dans l'espace par des mouvements en spirale.

Il est très-remarquable que des familles entières s'enroulent autour de leurs appuis en se tournant sur elles-mêmes de droite à gauche, comme font les légumineuses, les passiflorées, les convolvulacées, tandis que d'autres familles exécuteront ces mouvements toujours de gauche à droite, comme font le houblon, les dioscorées, les tamus. Pour déterminer le sens de l'enroulement, il faut que l'on se suppose placé dans le centre de la spirale et tourné vers le midi. Beaucoup d'observateurs ayant omis d'indiquer s'ils avaient regardé le midi ou le nord, il ne faudra point s'étonner de trouver citées chez les uns, comme s'enroulant de droite à gauche, les mêmes plantes auxquelles d'autres auteurs assignent la marche inverse.

En général, les plantes grimpantes s'enroulent indistinctement autour de toutes sortes d'objets ; cependant la cuscute dédaigne de s'attacher aux corps inanimés, et ne s'enroule qu'autour de végétaux vivants. Si l'on met une jeune cuscute en contact avec n'importe quel objet, elle passera à côté sans l'avoir enlacé ; mais elle s'enroulera autour de toute plante que l'on mettra à sa portée, surtout autour du thym, qu'elle affectionne beaucoup.

Pourquoi montre-t-elle ce discernement, qui semble manquer aux autres genres de la grande famille à laquelle elle appartient ? C'est qu'elle a des goûts et des appétits tout particuliers à satisfaire. Tandis que les autres espèces grimpantes restent enracinées dans la terre où elles naissent, pour continuer à y puiser leur nourriture, la cuscute, au contraire, après avoir germé dans le sol, s'en détache en grandissant, et laisse dépérir les premières racines qu'elle y avait jetées. Elle puisera désormais sa nourriture dans la séve même des végétaux qu'elle aura enlacés et dans le sein desquels elle fera pénétrer une infinité de petites racines, à mesure qu'elle grandira.

Il arrive quelquefois qu'elle épuise la

plante dont elle absorbe le suc nourricier. Lorsque cette plante en meurt, la cuscute, ingrate et vorace comme tous les parasites, fera avancer l'extrémité de sa tige à la recherche d'un nouvel appui ; et abandonnant sa première victime, elle s'attachera à toute autre plante dont la séve peut lui fournir une abondante nourriture.

Les plantes volubiles s'enroulent le plus souvent par leurs tiges mêmes autour de leurs appuis ; il y en a cependant qui s'y attachent en formant un simple crochet de la queue de leurs feuilles. Ainsi fait la capucine ; l'œillet, par contre, se sert de l'extrémité de la sienne pour former le crochet.

Beaucoup d'espèces s'élèvent aussi par le moyen d'organes spéciaux appelés des vrilles ou des mains. Cette dernière dénomination nous semble de beaucoup la meilleure, car les végétaux s'en servent absolument comme de mains au moyen desquelles ils saisissent les corps, s'y attachent, y soutiennent leur tige et s'y élèvent en grimpant.

C'est avec raison, croyons-nous, que la plupart des physiologistes ont pensé que les mains des plantes ne sont pas des organes proprement dits, ou plutôt qu'elles ne sont que des organes accidentels et accessoires, nés de l'avortement des feuilles ou des fleurs. Ce fait contribuerait dès lors à faire ressortir la nature toute psychique de cette activité continue, de ces métamorphoses incessantes que nous avons observées dans la vie des végétaux.

Comment, en effet, expliquer par une théorie mécanique le fait qui nous occupe en ce moment, celui de créatures qui, pour s'attacher à un objet, font avorter à leur gré, ici une feuille, là une fleur, afin de les transformer en mains qui leur permettent de satisfaire à l'instinct inné, à l'impulsion intérieure qui leur fait chercher un appui? La plante semble, dans cette circonstance, agir avec une certaine intelligence ou même avec un discernement remarquable, puisque pour arriver à son but, elle emploie les moyens les plus sûrs. Nous n'agissons guère autrement lorsque, pour nous élever contre un mur, nous suppléons à l'insuffisance de nos moyens naturels par l'invention et l'emploi de crochets ou de crampons.

Ce qui semble indiquer que la production des vrilles ou des mains est bien réellement abandonnée à l'instinct de ces plantes, c'est qu'on a observé, d'une part, que les mains n'apparaissent que lorsque les individus sont arrivés à la hauteur où ils commencent à en avoir besoin pour s'appuyer, et d'autre part, qu'ils peuvent en produire un nombre indéfini à mesure qu'ils s'élèvent autour de leur appui.

Nous ne saurions quitter cette grande et remarquable famille de végétaux sans mentionner le fait suivant, qui nous semble pouvoir jeter quelque jour sur la question de l'âme végétale, et qui a été signalé par M. Macaire (de Genève).

Si l'on touche la main d'une plante volubile, celle du taminier, par exemple, sur un point éloigné de $0^m,03$ ou $0^m,04$ de son extrémité, on la verra bientôt se contracter et former une boucle au moyen de laquelle elle se saisira de l'objet dont elle a senti le contact, si toutefois on ne lui a pas présenté un corps par trop gros. On observera même deux mouvements bien distincts, car en même temps que la main forme une première boucle autour de l'appui, elle continue à s'enrouler en spirale par son extrémité, où cependant il n'y a pas eu de contact avec le corps étranger ; et l'on verra dans l'espace d'un quart d'heure se former ainsi plusieurs nœuds.

De l'ensemble des faits que l'on vient d'observer dans les plantes grimpantes, il résulterait que ces êtres, doués de sensibilité tactile dans leurs mains et à l'extrémité de leurs tiges, agissent sous l'impulsion d'un véritable instinct quand, au moyen de ces extrémités sentantes, ils cherchent leurs appuis par des mouvements spontanés.

FEUILLES, FLEURS ET LUMIÈRE

En examinant plus haut quelques-uns des faits caractéristiques qui accompagnent l'accroissement des végétaux, nous avons été amenés à constater dans ces êtres la présence d'un instinct particulier qui leur fait chercher la lumière du soleil. Ici, en étudiant les mouvements partiels et spontanés dont est douée la plante, nous remarquerons que les feuilles et les fleurs sont ceux de ses organes qu'elle dirige plus particulièrement vers la

7.

lumière. Et ce qui indique qu'il y a dans ce fait un acte animé, c'est que la plante, par des mouvements énergiques et qui semblent volontaires, rend à ses feuilles leur position normale, chaque fois qu'une force étrangère vient les déranger.

Des deux côtés d'une feuille l'un est toujours tourné vers le ciel, l'autre regarde la terre. Si l'on maintient une branche ou une plante entière dans une position où la lumière atteigne la face inférieure des feuilles, tandis que l'autre face opposée reste dans l'ombre, on verra, quelque temps après, la plante retourner ses feuilles et, par une torsion de leur base, en ramener la face supérieure vers la lumière.

Bonnet, dans une de ses nombreuses expériences, a vu la même plante entreprendre quatorze fois la version de ses feuilles. Néanmoins, lorsqu'on fait l'expérience trop souvent sur le même individu, il en éprouve une grande fatigue. Le mouvement des feuilles devient plus lent, et le phénomène finit par être accompagné de traces de désorganisation à la face inférieure des feuilles. On peut, du reste, observer le même fait dans les arbres pleureurs où le phénomène a lieu naturellement : en même temps que ces êtres singuliers, agissant en ceci au rebours de tous les autres végétaux, renversent ou réfléchissent leurs branches vers la terre, ils impriment à leurs feuilles un mouvement de torsion qui en ramène la face supérieure vers le ciel.

Knight, le célèbre botaniste anglais, avait exposé à la lumière la face inférieure d'une feuille de vigne, après l'avoir privée de tout moyen de se retourner. Il ne tarda pas à voir la plante réagir contre la violence exercée sur cette feuille. Elle essaya d'abord de la retourner, puis elle tâcha d'en replier les bords ; enfin, ayant échoué dans ces deux différentes tentatives, elle éloigna cette feuille de la vitre contre laquelle elle se trouvait appuyée, et la fit avancer dans une autre direction vers la lumière qui, entrant dans la serre du côté opposé, devait nécessairement frapper la face supérieure de la feuille.

Si l'on recouvre d'une petite planche le côté supérieur de la feuille d'une plante quelconque vivant en plein air, on verra celle-ci tenter de se soustraire à cette gêne, et entreprendre des actes qui varieront selon les circonstances, mais qui seront toujours ceux que l'on eût entrepris soi-même pour arriver au but le plus promptement. Tantôt la plante inclinera à droite ou à gauche le pétiole de sa feuille ; d'autres fois, elle renversera la feuille en la serrant contre sa branche ou sa tige, pour la faire glisser sous la planche et lui rendre ainsi sa position normale.

Que conclure de ces faits? Les animaux, même les mieux doués, feraient-ils preuve de plus de discernement pour soustraire un de leurs membres à de gênantes entraves? M. Dutrochet est resté émerveillé devant ces faits, qu'il a observés très-attentivement. Lui, toujours si enclin à expliquer les phénomènes de la végétation par d'ingénieuses théories physiques, n'y songe plus en ce moment, et, entraîné par l'évidence des faits, il s'écrie : « Lorsqu'on voit de combien de moyens la plante dispose pour atteindre un seul et même but, on est porté à penser qu'il règne en elle une intelligence mystérieuse qui décide du choix des moyens qu'elle doit employer. »

Tout le monde sait que l'hélianthe tourne ses grandes fleurs constamment du côté du soleil, mais beaucoup de personnes ignorent qu'une foule de plantes rustiques suivent également le cours de cet astre. Hegel a été frappé de ce fait.

« Lorsque le soir, dit-il, on entre dans une prairie en regardant le couchant, on n'y voit que fort peu de fleurs parce qu'elles sont toutes tournées vers le soleil couchant ; au contraire, si l'on y arrive du côté opposé, on voit la prairie briller de l'éclat de mille et mille corolles. De même, lorsque de grand matin l'on se dirige vers la prairie en regardant l'occident, on n'y aperçoit pas de fleurs, parce qu'elles sont restées inclinées du côté où le soleil s'est couché ; mais on les verra se retourner vers l'orient à mesure que le soleil s'élèvera sur l'horizon. »

LE SOMMEIL DES PLANTES

Parmi les mouvements les plus singuliers que l'on constate dans les plantes, il faut ranger ceux qui constituent leur sommeil, ainsi que les mouvements inverses qu'amène leur réveil.

Lorsqu'on observe un grand nombre de plantes, on est frappé de l'aspect différent qu'elles présentent la nuit et le jour, et l'on se convainc facilement que cette différence est occasionnée par la position que

les feuilles, les fleurs et même les tiges prennent en l'absence de la lumière ; position
entièrement opposée à celle que les végétaux
donnent pendant le jour à ces mêmes organes. C'est ce phénomène remarquable que
Linné a appelé le sommeil des plantes.

L'état nocturne des plantes constitue-t-il
pour elles un repos réparateur ? Doit-on le
comparer au sommeil des êtres du règne
animal ? Il existe parmi les physiologistes une
grande divergence d'opinions à l'égard de ce
phénomène, comme à l'égard de tous ceux
qui semblent nous révéler l'âme de la plante.

Quoi qu'il en soit, on ne saurait disconve-
nir que le sommeil des plantes ne soit accompagné de quelques faits qui décèlent dans
ces êtres une prévoyance remarquable, quoique restée longtemps inaperçue.

Les végétaux dont les feuilles simples sont
opposées, les arroches, par exemple, les re-

lèvent pendant le sommeil, de manière à en appliquer les deux faces supérieures exactement l'une contre l'autre, abritant ainsi entre deux feuilles chacun de leurs jeunes bourgeons. D'autres plantes, au contraire, comme la balsamine des bois, rabattent leurs feuilles en une voûte protectrice autour de leurs fleurs. Il y en a qui relèvent leurs feuilles d'une manière incomplète, et, les laissant entr'ouvertes à leur sommet, en forment comme un entonnoir autour des bourgeons et des fleurs : ainsi font la mauve du Pérou et le datura.

Beaucoup de familles, parmi les plantes à feuilles composées, relèvent leurs folioles dès le crépuscule, et, les mettant en contact entre elles par leur sommet seulement, en forment un berceau sous lequel les fleurs se trouvent à l'abri du froid et des autres dangers qu'amène la nuit : ainsi agit, par exemple, le trèfle incarnat ou trèfle de Roussillon.

La grande majorité des plantes dormantes ont soin de fermer leurs fleurs avant de s'abandonner au sommeil, de sorte que la poussière précieuse qu'elles recèlent se trouve à l'abri des fortes rosées.

Il y a des plantes qui ouvrent leurs fleurs régulièrement avec le jour pour les refermer dès que le soleil se couche, et qui dorment par conséquent plus longtemps en automne qu'en été. D'autres végétaux, au contraire, ont le sommeil si régulier, qu'ils s'endorment et se réveillent, ouvrent et ferment leurs fleurs toujours à la même heure, sans égard pour la saison.

Linné, ayant constaté ce fait, réunit dans un même parterre une série de plantes dormantes, dont chacune se réveillait à une heure différente, et il réussit ainsi à établir une

horloge florale dont la marche est assez ré-
gulière.

Il existe, par contre, beaucoup de plantes,
dont le sommeil est extrêmement irrégulier.
Ce sont des plantes très-sensibles aux influences atmosphériques. Elles redresseront ou ra-
battront leurs feuilles, elles ouvriront ou re-
fermeront leurs fleurs, en un mot, elles
dormiront ou resteront en état de veille selon le temps qu'il fait.

En observant avec soin les habitudes de
ces végétaux, on finit par reconnaître en eux
des baromètres vivants qui indiquent le
temps avec plus de précision que ne le font
les instruments de nos physiciens ; car il est
rare que l'instinct des plantes les trompe en
cette circonstance.

La stellaire, par exemple, connue sous le
nom de margeline ou mouron des petits oi-
seaux, se réveille le plus souvent à neuf heu-

res du matin. A ce moment, elle redresse sa tige et ouvre ses feuilles et ses fleurs pour demeurer en état de veille jusqu'à midi, si le temps doit rester beau ; mais s'il doit pleuvoir dans la journée, la plante ne se réveillera point : elle restera inclinée et tiendra ses fleurs toutes closes.

Le souci ouvre ordinairement ses fleurs entre six et sept heures du matin, et reste éveillé jusqu'à quatre heures du soir. Aussi longtemps qu'il agira ainsi, on pourra compter sur le beau temps ; mais s'il dort encore après sept heures du matin, on peut être certain qu'il pleuvra avant la fin de la journée.

Un fait bien digne de remarque vient s'ajouter à ceux qui précèdent, pour nous faire reconnaître dans le sommeil des plantes un phénomène à peu près identique à notre propre sommeil : c'est qu'on a vu beaucoup de plantes dormantes intervertir les heures de leur sommeil sous l'action d'un jour artificiel.

De Candolle plaça un assez grand nombre de ces plantes dans une cave laissée obscure pendant le jour, et éclairée pendant la nuit par plusieurs lampes d'Argand. Il se produisit tout d'abord une grande perturbation dans le sommeil de ces individus. Ils fermaient et ouvraient leurs feuilles sans règle fixe ; mais au bout de quelques jours ils s'habituèrent au nouveau mode d'existence qui leur avait été imposé, et, pour s'y conformer, ils intervertirent entièrement l'ordre de leur sommeil normal. Ces plantes rentraient en état de veille le soir, lorsque leur jour artificiel se levait, et s'endormaient le matin, lorsque pour elles commençait la nuit.

Ces faits, n'autorisent-ils pas à présumer que les plantes ont, comme nous, la faculté de modifier la durée et l'ordre de leur sommeil selon les circonstances dans lesquelles elles se trouvent placées ?

Du reste, il y a, tantôt dans l'attitude des plantes dormantes, tantôt dans les mouvements qui accompagnent leur sommeil ou leur réveil, quelque chose d'expressif et de symbolique dont on sera toujours singulièrement frappé.

On observera, par exemple, qu'au moment où le tussilage aura fermé toutes ses fleurs, il inclinera lentement sa tige pour la tenir ainsi penchée jusqu'à son réveil.

Une espèce d'euphorbe (*euphorbia oleæfolia*) tient sa cime penchée vers le sol pendant l'hiver, et ne la relève qu'à l'arrivée du printemps, alors que cesse pour la plante le sommeil hivernal.

Le lotus, qui vit dans le Nil, et le nénufar blanc, qui habite dans nos lacs, élèvent dès

le matin leur grande fleur blanche au-dessus
des eaux, et la laissent ouverte pendant le
jour. Dans l'après-midi, ils l'inclinent d'a-
bord légèrement, et plus tard, au moment
où commence leur sommeil nocturne, ils
penchent leur tige, ferment leur fleur et la
ramènent à une grande profondeur sous
l'eau. Ils l'y maintiennent pendant toute la
nuit jusqu'au moment de leur réveil, alors
que de grand matin ils la dirigent, encore
toute fermée, vers la surface, pour ensuite
l'ouvrir aux rayons du soleil.

Nous ne croyons plus à l'existence de ces
ondines qui, selon la légende, dorment au
fond des eaux pendant la nuit, et viennent
de grand matin se réchauffer au soleil; mais
cette légende prouve que le sentiment populaire avait saisi le charme d'une telle existence alternante. La nature, en accordant
cette vie douce et tranquille à quelques-uns

de ses enfants, a fait une réalité de ce qui semblait n'être qu'un rêve.

Si l'on réfléchit qu'il n'y a pas d'heure, pas de minute, pas de seconde qui s'écoule sans que des myriades de créatures impriment à leurs mille et mille organes les mouvements spontanés que nous venons de décrire, on se couvaincra que l'immobilité généralement attribuée au règne végétal est simplement une erreur, et que l'on ne saurait dès lors s'appuyer sur une croyance aussi mal étayée, pour refuser une âme à la plante.

LA DESMODIE OSCILLANTE

On ne saurait hésiter à le dire : présenter l'immobilité des plantes comme objection sérieuse, c'est bien réellement donner gain de cause à ceux qui accordent une âme aux êtres du monde végétal.

Il y a en effet des plantes qui, loin de rester immobiles, décèlent au contraire une mobilité extrême et d'un caractère particulier. On dirait que ces êtres se trouvent dans un état d'anxieuse et continuelle agitation. Ce sont des plantes d'une sensibilité ou, si l'on aime mieux, d'une irritabilité si grande, que le moindre changement dans l'atmosphère les affecte profondément.

Les phénomènes auxquels je fais allusion sont remarquables surtout dans l'*hedysarum gyrans*, la desmodie oscillante, sous-arbrisseau de la grande famille des papilionacées.

Plus on étudie cette plante singulière, et mieux on comprend le grand étonnement qu'elle causa aux naturalistes, lorsque Forster, le célèbre compagnon du capitaine Cook, l'eut rapportée du Coromandel.

La foliole supérieure de ses feuilles trifoliées est pédonculée et beaucoup plus grande que les deux autres, sur lesquelles j'appelle tout d'abord l'attention du lecteur. Ces deux petites folioles latérales s'inclinent, se redressent et oscillent perpétuellement. Quoique ces mouvements soient d'autant plus rapides que l'air est plus chaud, ils ne continuent pas moins la nuit comme le jour, pendant le sommeil de la plante comme en son état de veille, en plein air comme dans l'appartement. Pendant que les petites folioles oscillent ainsi sans relâche, le végétal plie parfois ses rameaux et imprime à ses folioles supérieures un mouvement irrégulier, il les redresse quand la lumière agit sur lui, et les renverse à l'ombre, et la nuit pendant son sommeil.

Cet être est tellement sensible aux influences solaires, qu'il suffit, d'après les observations d'Hufeland, de la lumière réfléchie sur un mur éloigné de vingt pas pour qu'il redresse toutes ses grandes folioles, et d'un nuage qui passe devant le soleil pour qu'il les rabatte aussitôt.

Alexandre de Humboldt a constaté que la

desmodie, après être restée quelques heures dans l'obscurité, ne se borne pas à redresser ses folioles quand on la ramène à la lumière, mais qu'elle accélère aussi les oscillations de ses petites feuilles latérales.

Ce qui achève de donner aux mouvements de la desmodie un caractère spontané, c'est précisément leur inégalité. Ils sont plus rapides à l'époque de la fécondation; souvent aussi, ils se ralentissent sans cause apparente, pour ensuite reprendre non moins inopinément leur habituelle énergie.

Les faits que nous avons observés dans
la vie des végétaux, en les voyant pencher
ou redresser leurs tiges, ouvrir ou fermer
leurs feuilles et leurs fleurs, constituent un
ensemble d'actes évidemment spontanés,
mais qui tous se rattachent aux influences
qu'exercent sur les plantes les agents terrestres et solaires. Ces mouvements nous
ont fait comprendre combien ces créatures
que l'on avait crues insensibles sont au con-

8.

traire impressionnées par les moindres changements atmosphériques ; combien surtout
elles sont affectées par les influences as-
trales, le retour du jour et de la nuit, du
printemps et de l'hiver.

On va maintenant les voir réagir contre
des influences hostiles, et révéler leur
sensibilité par des mouvements soudains,
plus ou moins accentués, selon la sensation
qu'elles auront éprouvée.

Si l'on touche avec la pointe d'une épin-
gle les filets staminaux de l'épine-vinette,
l'arbrisseau si commun dans nos haies, on
les voit s'agiter et se ruer, pour ainsi dire,
sur le pistil, puis, après un instant, reprendre leur position normale.

Le style des gratioles, des mimules, des
bignonia se divise, à son extrémité, en deux
grandes lames presque égales, et qui forment
un stigmate aux lèvres légèrement ouvertes.

Si l'on chatouille avec la barbe d'une plume le pistil de ces plantes, ou si l'on y laisse tomber une goutte d'eau, on les voit aussitôt rapprocher précipitamment les deux lèvres de leur stigmate, pour ensuite les écarter de nouveau.

Nous ne saurions citer ici toutes les plantes qui impriment à leurs organes floraux des mouvements semblables à ceux que nous venons d'indiquer. Nous ferons observer seulement que ces végétaux appartiennent à des familles très-diverses, puisque les cactus et les centaurées, les pins et les légumineuses offrent aussi des espèces très-irritables. Mais les brusques mouvements de ces êtres ne constituent pas un phénomène unique dans le monde des plantes : on y rencontre d'autres indices de sensibilité plus curieux et non moins évidents.

Lorsque, en 1518, les Espagnols pénétrèrent dans l'isthme américain, ils furent saisis d'étonnement à la vue des plantes singulières qui peuplaient la savane. Parfois, quand on les touchait légèrement avec une baguette, elles restaient immobiles, mais au moindre contact de la main elles s'émouvaient ; elles fermaient leurs feuilles, elles ployaient leurs rameaux. Ces mouvements se propageaient de proche en proche ; et à voir l'agitation qui régnait dans la savane, on eût dit que la brusque apparition des étrangers mettait en émoi la société végétale.

Quels étaient ces êtres singuliers ? c'étaient des mimeuses, des sensitives, des *dormideras*, comme les nommèrent les Espagnols. En racontant ces faits, Herrera, le célèbre historien des Indes, compare la feuille élégante de cette mimeuse à une plume d'oiseau, et il ajoute que ce végétal ressemblait à un être animé[1].

Au Sénégal, habite une sensitive que les nègres appellent *guerikar*, c'est-à-dire, bonjour, parce que toutes les fois qu'on la touche, ou même qu'on se penche seulement vers elle en parlant, elle incline sa tige et renverse ses feuilles comme pour répondre au salut.

La dionée, *dionea muscipula*, est une sensitive non moins intéressante. Elle vit dans les sols marécageux de l'Amérique du Nord. Ses feuilles, ramassées en rosettes autour de sa tige florifère, s'étalent sur le sol. Elles se terminent par une sorte d'appendice rougeâtre, échancré à son extrémité en deux grands lobes, et rattaché à l'autre partie de la feuille uniquement par la nervure moyenne. Les bords de ces deux lobes

[1] *Parece como cosa sensible.* (Herrera, *Decad.*, II.)

foliaires sont garnis de cils; et leur surface, hérissée de petites pointes, est constamment recouverte d'une liqueur visqueuse qui attire les insectes, les mouches surtout.

Lorsqu'un de ces petits êtres vient se poser sur une des feuilles, la dionée la ferme aussitôt et y retient l'insecte comme dans une prison. Plus la mouche s'agite, plus aussi le végétal resserre sa feuille; mais dès qu'elle reste immobile, il détend l'organe contracté, et la captive recouvre sa liberté, si toutefois elle n'a pas été étouffée dans son étroite prison, ou blessée à mort par les pointes dont la feuille est hérissée. Ayant observé que la mouche est entièrement dissoute par la matière que sécrète la plante, Curtis présume que l'insecte, après s'être nourri de la liqueur, contribue à son tour à la nutrition du végétal.

Comment expliquer ce fait? Voici un être

qui attire sa proie par un suc qu'il distille, qui l'écrase, qui s'en nourrit. Ne sont-ce pas là des indices d'animation ? Peut-on supposer que l'être dont émanent ces actes n'en éprouve aucune sensation ? On ne saurait l'admettre.

Parmi les sensitives les plus impressionnables, il faut ranger la desmodie oscillante, dont on étudiait naguère les curieuses propriétés.

Elle aime la chaleur. Aussi reste-elle paralysée quand on l'arrose avec de l'eau très-froide, ou lorsque d'une serre chaude on la transporte en plein air pour l'exposer à une température moins élevée. Mais du moment qu'on lui rend la chaleur, elle recommence ses mouvements accoutumés : elle agite ses petites feuilles, elle abaisse et relève ses grandes folioles. Dans son pays natal, elle plie, elle tord, elle retourne ses rameaux

lorsque les rayons du soleil la pénètrent librement ; et quand, au moyen d'une lentille, on
les dirige et les concentre sur elle, on voit
l'individu tout entier tressaillir et trembler.

Une plante non moins digne de notre
attention, c'est la mimeuse pudique, la vraie
sensitive.

Lorsqu'on lui imprime une légère se-
cousse, ou lorsqu'on saisit une de ses branches, la sensitive redresse aussitôt ses folioles ;
elle les applique l'une contre l'autre par leur
face supérieure ; puis, par un mouvement
inverse, elle les penche et les abaisse contre
les tiges qui les portent. Si le choc a été
quelque peu violent, on observera que la
plante, en même temps qu'elle ferme ses
feuilles, incline ses rameaux. Avec ses
feuilles renversées et qui paraissent comme
flétries, elle offre en ce moment le même
aspect qu'elle présente pendant son som-

meil. Cependant après être restée quelques instants dans cet état de stupeur, elle revient à la vie : elle rouvre ses feuilles, les redresse et rend à ses branches leur position normale.

Dans les contrées de l'Amérique où elle croît spontanément, cette plante offre des phénomènes de sensibilité vraiment extraordinaires.

M. de Martius, dans son voyage au Brésil, a vu des sensitives fermer leurs feuilles quand un cheval passait à quelque distance. Nous avons pu nous-même constater plus d'une fois que ces plantes, qui dans l'Amérique tropicale vivent réunies en société, fermaient précipitamment leurs feuilles à l'approche de l'homme, comme effrayées du léger ébranlement que ses pas imprimaient au sol. Bien plus, lorsque les rayons du soleil frappaient directement un groupe considérable de sensitives, une grande animation se manifestait au sein de la tribu : on voyait certaines feuilles se plier et s'incliner; tandis que d'autres, qui s'étaient déjà ployées, s'ouvraient et se redressaient. Ces mouvements cadencés donnaient au monde végétal je ne sais quelle physionomie étrange et fantastique, dont l'impression ne s'est point encore effacée de ma mémoire.

On peut, du reste, observer quelque chose de semblable dans nos climats du Nord, lorsque, en été, l'on expose une sensitive aux rayons du soleil. On voit alors çà et là, et de temps en temps, quelques folioles s'incliner, puis se redresser et reprendre leur position accoutumée.

Il serait malaisé de rattacher à une cause purement physique une autre particularité que l'on observe dans la vie de ces plantes. Nous voulons parler de la faculté que possèdent les sensitives de s'accoutumer peu à peu à l'action d'une cause irritante, absolument comme font les hommes et les animaux.

Lorsqu'on ouvre la porte d'une serre pour laisser arriver brusquement de l'air froid sur une sensitive qui s'y trouve placée, on voit celle-ci fermer aussitôt ses folioles et ployer ses branches comme sous l'action d'un choc violent, puis, après quelques instants, et la porte restant ouverte, redresser ses branches, rouvrir ses feuilles lentement, comme si elle s'habituait au froid qui l'avait si vivement affectée.

Desfontaines a fait une expérience que nous avons vu répéter souvent, et toujours avec le même résultat. Ayant placé une sensitive dans une voiture, il la vit, ainsi qu'il devait s'y attendre, fermer précipitamment toutes ses feuilles dès qu'elle eut senti l'ébranlement causé par le mouvement des roues. Bientôt cependant, il observa un fait extraordinaire : c'est que, malgré le mouvement continu de la voiture, la plante, revenant de sa première frayeur, rouvrait peu à peu ses feuilles pour les tenir étalées tant que la voiture restait en mouvement. Mais lorsque, après quelque temps d'arrêt, la voiture se remit en marche, la sensitive ferma toutes ses feuilles, et ne les rouvrit que lorsqu'elle se fut de nouveau accoutumée au mouvement de la voiture.

Au reste, cette faculté de s'accoutumer, de se faire aux circonstances nouvelles où le sort les place, est commune à tous les végétaux. Nous l'avons déjà reconnue en eux, lorsque nous avons observé qu'ils modifiaient leur mode de croître quand on les transportait d'un lieu humide dans un sol sablonneux, d'un climat chaud dans un climat tempéré.

Ils en sont plus ou moins grièvement affec-
tés, mais ils finissent le plus souvent par
s'accoutumer aux influences auxquelles ils se
trouvent exposés.

L'analogie que l'on remarque tout d'a-
bord entre les mouvements des plantes sensitives, et les mouvements que manifestent les
animaux lorsqu'ils sont irrités, est beaucoup
plus grande qu'on ne le croit communément.

De même que nous voyons les animaux
détendre leurs organes dès que disparaissent
les causes de leur irritation, de même aussi
nous avons vu les gratioles dilater de nouveau les deux lèvres de leur stigmate, l'é-
pine-vinette rendre à ses étamines leur position normale, et la mimeuse détendre ses
organes contractés, dès que cessait l'action
de la cause irritante.

Il y a plus : quelques faits que nous avons

en occasion d'observer dans les sensitives, nous font présumer que les végétaux peuvent éprouver des sensations douloureuses qui ne sont point essentiellement différentes de celles que nous attribuons aux animaux.

Ainsi l'on peut, au moyen d'un instrument bien tranchant, faire à la branche d'une mimeuse une blessure avec assez de légèreté pour éviter le moindre ébranlement. Eh bien, on voit néanmoins la plante abaisser instantanément toutes ses folioles, et même ployer toutes ses branches. Il faut remarquer que les mouvements de la sensitive sont plus ou moins accentués, selon la gravité de la blessure, nous allions dire selon la douleur que l'entaille occasionne à l'individu.

La mimeuse pudique semble souffrir tout autant que les autres êtres organisés, quand on la met en contact avec des acides énergiques ou des solutions alcalines concentrées, ainsi qu'il résulte des belles expériences qui, dans ces derniers temps, ont été faites en Allemagne par MM. Runge et Meyer. Une seule goutte de ces substances, appliquée avec toute la légèreté possible sur la feuille de la mimeuse, suffit pour produire dans celle-ci des phénomènes de sensibilité. Les mouvements de la plante étant d'autant plus énergiques que les agents ont plus de causticité, et ses tissus restant le plus souvent intacts sous l'action de la substance caustique, on est en droit de considérer les phénomènes observés comme les signes extérieurs d'une sensation douloureuse éprouvée par la sensitive.

Les substances narcotiques affaiblissent la sensibilité de la mimeuse, comme elles affaiblissent la nôtre, et Dassen a observé que ces substances dilatent les organes de cette plante : c'est absolument la même action qu'elles exercent sur l'homme et sur les êtres les mieux organisés du règne animal.

Toutes les plantes présentent des singularités quand on les soumet à l'agent électrique, mais aucune n'en offre de plus notables que la sensitive. Quand on fait pénétrer une de ses branches dans l'atmosphère d'une bouteille de Leyde électrisée, toutes les folioles de la branche se ferment à l'instant, et cette branche tombe sur la tige comme si on l'avait cassée dans sa charnière. Si, au moyen d'une chaîne qui touche d'un bout à la tige et de l'autre à la bouteille de Leyde, on donne à la plante une commotion électrique, on voit toutes les feuilles se fermer aussitôt et toutes les branches se coucher sur la tige. Ces branches, a dit avec raison un sagace observateur, quittent la direction horizontale pour prendre la perpendiculaire, aussi brusquement que si on lâchait un ressort qui les tînt toutes en-semble. Mais si, abusant de la plante, on l'électrisait trop souvent, on lui ferait perdre sa délicatesse et l'on en émousserait sa sen-sibilité.

Il n'y a point de théories qui n'aient été émises pour expliquer, par des causes toutes physiques, les phénomènes que présentent les sensitives. Quoique la plupart de ces hypothèses, souvent contradictoires, reposent sur des observations spéciales et d'une haute valeur scientifique, aucune cependant, il faut bien le reconnaître, n'a su dévoiler l'ori-gine première de ces mouvements singuliers, qui semblent défier toute explication physi-que ou mécanique, et qui appartiennent dès lors à cette classe de phénomènes obscurs que le physiologiste constate, mais dont la cause, probablement psychique, échappe à ses investigations. Aussi, plus d'un botaniste illustre a-t-il été amené, bon gré, mal gré, à reconnaître que ces mouvements instantanés s'expliquaient naturellement et comme d'eux-mêmes, quand on les attribuait simplement à la sensibilité des êtres qui les manifestent.

De Martius insiste particulièrement sur ces faits, qui de tout temps ont vivement impressionné ceux qui ont étudié la vie des plantes sans aucune prévention à l'égard de leur prétendue inanimation. M. Fechner rappelle à ce sujet, que lorsque les Gaulois pénétrèrent dans Rome, ils pensèrent que les sénateurs qu'ils voyaient assis immobiles sur leurs chaises, étaient inanimés, jusqu'au moment où l'un des barbares eut tiré Papirius par la barbe, et que celui-ci, irrité, l'eut frappé. Alors les Gaulois ne doutèrent plus que tous les autres vieillards ne fussent également des êtres vivants et animés. De

même, l'impassibilité avec laquelle les plantes supportent les outrages qu'il nous plaît
de leur faire, étant l'argument principal sur
lequel nous nous appuyons pour déclarer
qu'elles sont privées de sensibilité, nous
devrions reconnaître notre profonde erreur,
quand nous voyons un de ces êtres réagir
contre la moindre violence.

Plus d'une fois, en tournant les pages qui précèdent, on aura senti qu'il était urgent, avant de continuer notre chemin à travers le monde végétal, d'écarter une objection qui se dresse comme un obstacle de plus en plus gênant à mesure que se développe le champ de nos investigations. Nous voulons parler de l'absence d'appareil nerveux dans les végétaux.

Ce fait important et qui semble démontrer l'impossibilité de l'existence d'une âme végétale, est aussi, hâtons-nous de le dire, l'unique objection sérieuse qui puisse être opposée à celui qui affirme la réalité de cette âme. Nous croyons par conséquent devoir résumer et élucider cette question des nerfs, en abandonnant aux lecteurs le soin de lui donner les développements qu'elle comporte, mais dans lesquels nous ne saurions entrer ici.

Pourquoi a-t-on si généralement admis que là où il n'existe pas de nerfs, il ne saurait exister de sensations? C'est qu'on a observé d'une part, que lorsque le cerveau de l'homme ou celui des animaux a été détruit, toute manifestation animée cesse à l'instant même, et d'autre part, que si l'on se borne à couper un nerf seulement, la sensibilité ne disparaît qu'à cet endroit. De ces observations, on est arrivé naturellement à conclure qu'un appareil nerveux est un instrument indispensable à tout être animé, et que les plantes, ne possédant pas de nerfs, sont, par cette raison, même des êtres inanimés, incapables de sentir.

Rien, au premier aspect, ne semble mieux raisonné et plus concluant; néanmoins quelques observations suffiront, je crois, pour démontrer que cette déduction n'est point absolument convaincante.

N'est-il pas évident, en effet, que ce n'est point l'absence ou la présence des nerfs qui doit décider si un être possède ou ne possède pas la faculté de sentir, mais bien quelques faits saillants de son existence, ou l'ensemble des manifestations dont sa vie entière se compose?

Si l'on observait, par exemple, qu'une créature fait des efforts pour trouver ses aliments, qu'elle fuit ou qu'elle recherche la lumière, qu'elle s'irrite au contact d'un corps étranger, qu'elle soigne sa progéniture, on serait autorisé à penser qu'elle éprouve des sensations diverses en manifestant ces aptitudes différentes ; on serait en droit de le supposer, alors même que les nerfs manqueraient absolument. Or, lorsque dans le cours de cette étude, nous aurons reconnu aux plantes ces aptitudes essentielles, sans néanmoins découvrir en elles un système nerveux, nous serons amenés, bon gré, mal gré, à admettre l'existence de créatures douées de sentiment, quoique dépourvues de nerfs.

Du reste, plus d'un observateur a pensé que la matière fibreuse, ou pour être plus précis, que les fibres et vaisseaux en spirale remplissaient dans l'organisation de la plante les mêmes fonctions que les nerfs dans le règne animal. « Les fibres spirales, disait

Oken, sont dans les végétaux ce que les nerfs sont dans les autres créatures. On est parfaitement en droit de les appeler les nerfs de la plante, et c'est une grande satisfaction pour moi d'avoir été le premier à leur rendre justice. »

Gœthe pensait également que ces fibres pouvaient êtres considérées comme les nerfs des végétaux. Quoi qu'il en soit, je crois avec M. Fechner, que l'absence de nerfs dans l'organisation végétale ne prouverait pas que la plante fût inanimée. Le fait que je vais citer fera mieux saisir ma pensée, en même temps qu'il démontrera la possibilité d'instincts très-accentués chez des êtres entièrement dépourvus d'appareils nerveux.

Les hydres sont des polypes libres, c'est-à-dire sans polypiers. Elles vivent dans les eaux douces, et quoique de très-petite taille, on les aperçoit fort bien à la vue simple.

Aucun micrographe n'a pu reconnaître de système nerveux dans ces êtres. On ne leur voit pas même d'organes spéciaux, soit pour la reproduction, soit pour les autres fonctions. Ils ont cependant des mouvements de translation, et peuvent se contracter et s'allonger prodigieusement.

Si le vase dans lequel on tient les hydres est à l'abri de toute agitation, elles ont leurs bras ou tentacules étendus dans toute leur longueur, mais si on les touche avec une pointe quelconque, on les voit rentrer leurs tentacules et rétracter tout leur corps. Lorque le vase est exposé en partie à la lumière, elles se déplacent pour en atteindre le côté où la lumière est plus intense. Elles ont des instincts carnassiers, refusent toujours des aliments végétaux, et se livrent des combats acharnés pour la possession d'une proie. Quoique très-voraces, jamais cependant elles n'accepteront comme aliment un individu de leur propre espèce.

Ainsi, voilà des créatures sans nerfs et sans organes distincts qui recherchent la lumière, montrent du discernement dans le choix de leur nourriture et décèlent une grande sensibilité. Pourquoi dès lors refuser la faculté de sentir à ce magnifique chêne de nos forêts, dont nous admirons la force et l'énergie quand il envoie ses puissantes racines à la recherche de sa nourriture? à lui qui dirige sa tige, ses branches, ses feuilles vers la lumière? à lui, enfin, qui se reproduit et qui réagit contre les éléments dans une activité incessante et séculaire?

N'est-il pas singulier de penser que tous les efforts de ce chêne pour prospérer ne soient entrepris que pour notre instruction ou notre édification? que pour nous qui n'en sommes que les spectateurs éphémères et indifférents? Nous croyons, au contraire, que cet être sera le premier à éprouver des sensations diverses, selon le succès ou l'insuccès de ses efforts.

On objectera, peut-être, que les différentes parties qui composent la plante paraissent vivre chacune d'une vie presque indépendante, que la racine et la tige semblent poursuivre des buts particuliers, de sorte que la plante ne serait qu'une agglomération de parties non subordonnées à une force unique, à une âme individuelle.

Cette objection tombe d'elle-même lorsque l'on voit régner dans les plantes, à côté de la grande liberté d'évolutions que nous y avons constatée, un principe d'unité qui est la base de la belle ordonnance que nous y admirons, un principe qui fait concourir toutes les parties du végétal à la prospérité de l'individu ainsi qu'à la conservation de l'espèce. Cette force harmonieuse, ce principe d'unité, c'est l'âme de la plante.

Après tout, l'éloquence des faits est toujours persuasive. Nous nous bornerons par conséquent à citer quelques exemples qui achèveront d'établir la sensibilité et l'unité de la plante.

Lorsque l'on coupe la branche d'un arbre, on voit bientôt celui-ci réagir contre cette mutilation, en s'occupant de produire ailleurs une autre branche. Si l'on coupe quelques-unes de ses racines seulement, il peut en mourir, comme il peut réussir dans les efforts qu'il tentera pour produire de nouvelles racines. Lorsqu'on dépouille une plante de toutes ses feuilles, on la voit le plus souvent s'étioler et mourir. Il est évident que si la plante peut même mourir quand on lui enlève toutes ses feuilles, elle peut aussi éprouver une légère sensation lorsqu'on lui en arrache quelques-unes seulement.

Peut-être le lecteur a-t-il eu occasion d'observer le procédé qu'emploient les horticulteurs de nos contrées pour, en hiver, récolter du raisin d'un pied de vigne qui croît en plein air. Ils conduisent simplement une branche de la plante dans l'intérieur d'une serre chaude, et bientôt après, l'on voit cette branche se couvrir de feuilles, et porter de belles grappes, tandis que les parties de la plante restées en plein air conservent leur état de nudité.

Comment rendre raison de ce fait, si ce n'est en admettant que la plante entière, ressentant jusque dans ses racines l'action que la chaleur exerce sur une seule de ses branches, y répond en envoyant dans la direction de cette branche la séve qu'elle puise du sol au moyen de ses racines ?

Si on laisse à un pommier toutes ses branches et tous ses fruits, on ne récoltera que des pommes d'un fort petit volume ; mais si l'on a eu soin d'élaguer l'arbre et de sacrifier de bonne heure une partie des pommes, l'arbre ne restera pas insensible à ces sollicitations ; il réagira en donnant de fort beaux fruits.

La tige sur laquelle on a greffé une bouture prend le caractère de l'espèce à laquelle appartient l'ente. Si l'on greffe, par exemple une bouture d'abricotier sur un tronc de prunier, on verra peu à peu l'aubier du prunier changer de nature, et prendre l'aspect de celui de l'abricotier.

Si l'on enlève un morceau circulaire de l'écorce d'une branche ou d'une tige, on voit la plante produire au-dessus de ce cercle des fleurs et des fruits en plus grande abondance qu'ailleurs. La maturation des fruits y sera plus précoce, les filaments ligneux y seront plus serrés, et la chute des feuilles y aura lieu plus tôt que dans les parties de la plante qui se trouvent au-dessous du cercle. Ce fait prouve que la plante entière est affectée par une modification légère de sa surface extérieure.

Je pourrais citer plusieurs autres faits analogues ; mais je m'arrête : ceux qui précèdent auront suffi pour prouver combien la plante est sensible à la moindre altération qu'on lui fait subir. Peut-être aussi auront-ils fait pressentir que l'horticulture entière repose sur la faculté que possède la plante d'éprouver des sensations différentes selon les différentes manières dont nous agissons sur elles, et d'autre part, sur la faculté qu'elle a de réagir diversement contre ces incitations multiples.

L'OD ET LA PLANTE

MAGNÉTISME VÉGÉTAL

On se propose d'appeler maintenant l'attention sur une série de faits peu connus : ils pourront porter quelque lumière sur cette âme végétale qu'aperçoit ma pensée, et dont je voudrais écarter les voiles qui la dérobent encore aux yeux du lecteur.

Un grand nombre de penseurs admettent aujourd'hui que l'âme n'agit pas directement sur la substance nerveuse; selon

eux, les nerfs seraient les supports, les
fils conducteurs d'un agent intermédiaire,
d'une force universelle qui établirait les relations de l'âme avec le monde extérieur. A
chaque mouvement spontané de l'âme, à
chaque impression nouvelle correspondrait
une modification, une oscillation de cet
agent subtil. M. de Martius pense que les
agents impondérés qui circulent dans la
plante, en maintiennent le tissu cellulaire
dans un état de tension et d'irritabilité, comparable au spectacle que présente l'ensemble de notre système nerveux.

Lorsque le célèbre botaniste de Munich
émettait cette opinion, notre vénérable ami,
M. de Reichenbach n'avait pas encore découvert l'od, le plus mystérieux des impondérés. Peut-être de Martius aurait-il reconnu
dans ce dynamide la force essentielle qu'il
pressentait, et qui, dans sa pensée, devait

exercer une influence profonde sur tous les êtres vivants.

Mais qu'est-ce que l'od ? C'est un principe, une force, un agent comme la lumière, comme la chaleur, comme l'électricité.

Où réside-t-il ? Partout; sur la terre et dans les astres. Avec les rayons du soleil, avec la lumière de la lune et des étoiles, il descend sur notre globe, en même temps que du sein de la Terre se dégage un autre courant odique qui, rayonnant dans un sens inverse au précédent, arrive à la surface où s'écoule notre éphémère existence, et monte vers le ciel, non sans avoir imprégné de sa substance éthérée toutes les créatures qui vivent dans l'air et dans les eaux.

Quoique l'od soit un agent universel, quoiqu'il enveloppe notre propre corps, et qu'il s'en échappe en rayons lumineux, il ne se révèle néanmoins qu'à des natures très-impressionnables. Reichenbach appelle *sensitifs* ceux qui discernent les faibles lueurs de l'od, et qui ressentent profondément l'action de cet agent ; de même qu'on appelle *sensitives* ces plantes que nous avons étudiées plus haut, et qui possèdent une impressionnabilité refusée à d'autres végétaux.

L'od rayonne de la plante sous la forme d'une vapeur diaphane, et l'enveloppe d'une large auréole à travers laquelle on distingue même la couleur des corolles. Pour ceux qui voient l'od, les nuits les plus obscures sont pleines d'effluves lumineux et de prodiges étonnants. De la forêt s'exhale une vapeur phosphorescente qui monte vers le ciel et s'étend sur les grands arbres comme un voile légèrement agité. Pas une herbe de la prairie, pas une petite plante du jardin qui n'ait aussi sa petite auréole.

Ainsi s'explique un fait qui, dès le siècle dernier, avait éveillé l'attention d'un grand nombre de botanistes. Elisabeth Linné, la fille du naturaliste, se promenant une nuit d'été dans un jardin, vit des éclairs qui sortaient des fleurs de la capucine. Ce phénomène, un des plus beaux qu'on eût observés depuis longtemps, ne pouvait être mis en doute, car Linné, averti par sa fille, en fut témoin plusieurs fois. Cependant le fait souleva une vive controverse parmi les savants. Les uns s'attachèrent à en démontrer la réalité, et s'appuyant sur des observations anologues, ils s'efforcèrent d'établir que la capucine n'était pas la seule plante qui brillât d'une lumière spontanée. Ils appelèrent notamment l'attention sur la thalagssigle qui brille durant la nuit au milieu des eaux, et sur les deux sortes de plantes qui portent le nom d'*aglaphotis* et qui

10.

toutes deux répandent pendant la nuit une vive clarté. D'autres observateurs, au contraire, n'ayant pu voir des éclairs sortir de la capucine, nièrent simplement le fait énoncé par le naturaliste suédois. Et néanmoins le fait était bien réel : seulement pour le constater il fallait être sensitif; car c'était probablement la lumière odique qu'avait aperçue la fille de Linné.

C'était encore la lumière odique qui, un siècle plus tard, se révélait à M. Endlicher, le naturaliste auquel la science est redevable de si nombreuses découvertes. Quelques indices ayant fait soupçonner que le célèbre botaniste était sensitif, M. de Reichenbach le pria de l'assister dans ses expériences sur l'od. On s'enferme dans une chambre obscure, où plusieurs espèces de plantes ont été réunies, et bientôt Endlicher voit les végétaux briller d'un éclat vaporeux; puis, à sa grande surprise, il en distingue les tiges, les feuilles, les fleurs et les rameaux ; il distingue même la couleur de la corolle la plus rapprochée, et il s'écrie : « C'est une fleur bleue, c'est une gloxine. »

Cette sensibilité pour l'od, cette singulière impressionnabilité, qui a été refusée à un grand nombre de créatures humaines, semble avoir été donnée à tous les végétaux. Les exemples abondent. Aussi est-ce pour préciser notre pensée, et non pour épuiser la matière, que nous citons les faits qui suivent et qui, dans cette étude sur l'âme végétale, nous semblent aussi intéressants que décisifs.

Mais, pour bien mettre en relief l'importance de ces faits, il convient d'ajouter que l'od offre des phénomènes de polarité comme la force électrique, et que, semblable à celle-ci, il apparaît sous deux aspects bien distincts : comme od négatif, il produit au toucher une sensation de fraîcheur, et brille dans l'obscurité d'une belle lueur bleue; comme od positif, il cause une sensation de chaleur, et brille d'une lueur rougeâtre.

On a observé que les personnes sensitives redoutent l'action de l'od positif, qui déprime leurs forces et les jette parfois dans un état de torpeur ; tandis que l'od négatif ranime leurs esprits, et exerce toujours une influence heureuse sur ces natures impressionnables. Or, quand au moyen d'un prisme, on décompose en ses rayons colorés la lumière blanche du soleil, on reconnaît que l'od positif apparaît avec les rayons jaunes et rouges, tandis que des rayons bleus se dégage l'od négatif. Aussi les personnes sensitives recherchent-elles constamment les teintes bleues, et souffrent-elles quand des rayons jaunes exercent sur elles une action prolongée.

On va voir que les plantes ne se comportent pas autrement.

Quand on sème les graines d'une même plante dans deux vases séparés, dont on expose l'un constamment à la lumière bleue, et l'autre à la lumière jaune ou rouge, on voit lever et prospérer les graines soumises à l'action des rayons bleus, à od négatif, tandis que les autres semences dépérissent.

Lorsque, pour faire la belle expérience nidiquée par Gardner, vous placez des végétaux entre la lumière jaune ou rouge, et la lumière bleue, vous voyez toutes les plantes se diriger exclusivement vers les rayons bleus. Or, puisque la lumière bleue et la lumière jaune ont sur la plante une action analogue à celle qu'elles ont sur l'homme doué de sensitivité, ne pourrait-on pas dire qu'en fuyant les rayons jaunes et en recherchant les rayons bleus,

la plante agit comme fait le sensitif? Seraient-ce donc les rayons solaires à od négatif que les plantes rechercheraient, lorsque
toujours et en tous pays, on les voit comme
s'élancer vers la lumière du soleil?

Un autre phénomène moins connu, peut-
être, mais plus significatif encore, vient s'a-
jouter à ceux qui précèdent, pour achever
de mettre en évidence l'impressionnabilité
des végétaux. Nous prions le lecteur de bien
mesurer la portée du fait que nous allons
communiquer.

On connaît le phénomène remarquable
du sommeil des plantes; on a vu qu'en ce
moment elles changent l'attitude de leurs
feuilles, les redressent ou les rabattent, tiennent leurs branches inclinées et leurs fleurs
fermées.

La plupart des plantes dorment la nuit,
tandis que le jour elles se trouvent en état

de veille ; mais il existe un moyen aussi simple qu'étrange, de les faire dormir instantanément et en plein jour : il suffit de diriger sur elles pendant quelques instants de la lumière rouge.

Si, après avoir provoqué le sommeil on fait cesser l'action des rayons d'od positif, pour laisser la plante exposée à la lumière ordinaire, elle restera longtemps encore dans cet état de stupeur. Mais dès qu'on dirige sur elle des rayons bleus négatifs, elle commence aussitôt à détendre ses membres, et la voici réveillée entièrement. On peut alternativement faire dormir ainsi la même plante, et la réveiller une dizaine de fois par jour.

Comment pourrait-on expliquer ce phénomène extraordinaire, autrement que par l'action de l'od, d'une part, et la sensitivité de la plante, d'autre part ? Les rayons d'od positif viennent pénétrer le végétal et troubler son existence ; en véritable sensitif, il tombe dans un état de stupeur, il est magnétisé. En opérant ensuite avec la lumière bleue négative, on neutralise l'effet des rayons positifs, et la plante se réveille aussitôt[1].

Des nombreuses expériences faites par M. de Reichenbach, il résulte que l'od est une force qui agit profondément sur notre esprit, et qui exerce une influence décisive sur les dispositions de notre âme. C'est de l'od qu'émanent tous ces phénomènes obscurs et merveilleux qui constituent le magnétisme animal ; c'est par lui que se produit l'hypnotisme ou le sommeil nerveux qui, dans

[1] Nous ne saurions omettre de dire que c'est à M. Sachs (de Prague) que l'on est redevable de cette découverte toute récente, et qui constitue une des plus belles observations physiologiques que l'on ait.

ces derniers temps, a tout particulièrement attiré l'attention des physiologistes.

Or, n'est-il pas significatif que cet agent subtil et presque psychique se trouve comme accumulé dans les plantes, et s'y révèle avec une puissance égale, sinon supérieure, à celle qu'il manifeste dans le règne animal?

Si l'od est l'agent qui produit dans l'homme le sommeil magnétique, s'il est le principe qui révèle à notre âme les choses du dehors, il nous sera permis de voir des indices de sensibilité dans les phénomènes odiques que présentent les végétaux.

Avec la plupart des hommes qui ont médité sur le problème, nous pensons, en effet, qu'un principe intermédiaire relie les âmes entre elles, et les met en rapport avec les autres forces de la nature. Quel est cet agent? Est-ce la force magnétique, comme l'ont pensé Paracelse et Mesmer? Est-ce l'od, comme le croit M. de Reichenbach? Est-ce l'électricité, comme l'affirment plusieurs physiologistes? Ou bien od, électricité, magnétisme, ne seraient-ce pas là, en dernière analyse, les manifestations d'un seul et même dynamide? On ne saurait trancher ici la question ; mais des nombreuses recherches de M. de Reichenbach, il résulte que l'agent qui provoque dans la plante le sommeil anormal, est aussi celui qui trouble parfois notre existence, et appelle sur nous le sommeil magnétique, durant lequel l'âme humaine est livrée, tour à tour, à de cruelles angoisses et à des joies extatiques.

Et, puisqu'il en est ainsi, on peut admettre que l'agent intermédiaire qui agit sur notre âme, quel que soit du reste le nom qu'on voudra lui donner, fluide magnétique, od, électricité, circule aussi dans la plante, et propage jusque dans l'âme végétale les oscillations du monde extérieur.

Cette âme végétale, Reichenbach la proclame, lui aussi. Il l'appelle l'esprit dans les organismes; elle est pour lui cette chose intangible, individuelle, qui, différente dans chaque plante, transforme les substances pondérables, et subjugue les forces ambiantes qu'elle attire dans le champ de son activité.

Quoique les faits rapportés jusqu'ici soient de nature à mettre en lumière l'âme des plantes, ils ne la révèlent pas aussi bien que ceux qui vont maintenant fixer nos regards.

Les actes instinctifs et spontanés qu'on a vu les végétaux accomplir, avaient eu pour but unique la conservation de l'individu ; il est juste de considérer aussi les facultés que déploie l'âme végétale lorsque, entrant dans une phase d'activité différente et d'un ordre plus élevé, elle préside aux fonctions qui doivent assurer la conservation de l'espèce.

A cette époque de sa vie, la plante subit une transformation dans toutes ses parties. Un désir nouveau, une aspiration inconnue jusque-là, éclate tout à coup dans son âme et vient agiter sa paisible existence. C'est l'instinct sexuel, c'est l'amour qui se réveille et qui, agissant dans l'âme végétale comme dans les âmes humaines, exalte les facultés de la plante et l'incite à produire tout d'abord la plus belle de ses œuvres: la fleur.

Bien des phénomènes, parmi ceux que l'on a mentionnés plus haut, ont décelé dans les plantes un instinct en vertu duquel elles discernent et pressentent ce qui peut leur nuire ou leur être avantageux; et l'on n'aura pas manqué d'observer qu'elles se conduisaient, pendant les premières phases de leur vie, uniquement d'après les inspirations de cet instinct. Mais lorsqu'elles entrent dans cette période de leur existence qui seule nous occupe en ce moment, ce premier instinct est dominé et transformé par une aspiration plus élevée.

La plante se trouve alors sous l'influence d'une véritable passion, qui dirige toutes les forces organisatrices de son âme vers un seul but, celui de produire les organes floraux. Il y a dans cette ardente aspiration quelque chose d'idéal, puisque la jouissance, qui sera le prix du travail, n'existe pas encore dans le présent, et ne sera effective et réelle que dans un avenir incertain.

A cette époque, les différentes parties qui composent l'organisme de la plante sont affectées sympathiquement, et concourent toutes à l'accomplissement de l'acte suprême, à la réalisation des secrets désirs de l'âme végétale. Néanmoins, malgré la forte passion qui la domine, cette âme agit avec un discernement remarquable, et ne néglige rien de ce qui peut la conduire le plus sûrement à cette félicité qui est le but de ses efforts.

Elle commence par modérer, par arrêter la tendance naturelle qui la portait à croître dans l'espace et à produire branches sur branches. Elle se recueille, elle se prépare; puis elle abandonne tout à coup ses anciennes occupations, et la voilà qui dispose l'extrémité d'une branche en réceptacle; qui transforme certaines feuilles en calice, d'autres en pétales, d'autres encore en étamines ou en pistils.

Saisissons bien la nature passionnée de l'instinct que révèle la plante en ce moment.

Ainsi, pour arriver à l'acte de la fécondation, elle arrête soudainement un penchant naturel d'accroissement, elle transforme sa partie aérienne, métamorphose
ses feuilles en organes sexuels, au moyen
desquels elle satisfera enfin à l'instinct im-
pétueux qui la subjugue.

On peut suivre les métamorphoses incessantes que la plante fait subir à ses feuilles
pour en former des pistils et des étamines ;
on peut reconnaître les petits corps doués de
mouvement que contient la poussière staminale, on peut les voir s'introduire dans le
style et pénétrer dans l'ovaire pour y animer
le germe; mais ce qui échappe à la loupe et
au microscope, c'est la cause première de
ces métamorphoses et de ces mouvements,
c'est la passion ardente, énergique, prodigieuse, de l'âme de la plante.

On se souvient avec quelle rapidité étonnante l'agave d'Amérique transforme ses feuilles en organes floraux afin d'apaiser les désirs qui viennent tout à coup l'agiter. Le lecteur l'a vue mourir, épuisée par la véhémence même de ses passions. Constatons encore un fait qui semble manifester, et d'une manière bien palpable, l'énergie du mouvement intérieur qui se fait dans la plante, et l'ardeur des instincts qui remuent, qui exaltent son âme dans cette phase de sa vie. De même que la surexcitation et les sensations ardentes, qu'éprouvent les autres créatures à certaines époques de leur existence, viennent se traduire au dehors par des symptômes presque fiévreux, par un grand dégagement de chaleur ; de même aussi on remarque dans les plantes, au moment de leur fécondation, un développement de calorique non moins remarquable.

On a constaté une chaleur considérable

dans les fleurs de *colocasia odora*, on a observé que le spadice qui les porte, acquiert au moment de la fécondation jusqu'à 45° cent., tandis que l'air ambiant n'est qu'à une vingtaine de degrés. Nous ferons observer que le fait est d'autant plus significatif, qu'on observe dans les êtres du règne animal un phénomène identique et tout particulier, mais que nous nous abstiendrons de préciser.

Pendant longtemps on avait pensé qu'une si grande élévation de température n'avait lieu que dans les végétaux de la famille des aroïdées ; et M. Raspail, dont on ne saurait trop apprécier les belles recherches physiologiques, avait même affirmé que cette température élevée provenait des rayons que la spathe réfléchit et concentre sur les fleurs qu'elle abrite.

Mais les récentes expériences de M. Lehmann de Hambourg, ont démontré que ce phénomène est infiniment plus fréquent qu'on ne l'avait supposé, et que c'est bien directement des organes sexuels que rayonne la grande chaleur observée dans le spadice du colocasia. M. Lehmann venait de constater un développement de chaleur vitale assez remarquable dans les organes du nymphéa, à l'époque même où les énormes fleurs de *Victoria regia* s'épanouissaient dans le jardin botanique qu'il dirige. Remarquons tout d'abord que les fleurs de Victoria n'ont point de spathe qui les abrite et qui puisse concentrer la chaleur. Or, le botaniste que nous venons de citer, ayant maintenu la boule d'un thermomètre au milieu même du berceau que forment en se penchant les unes vers les autres, les grandes et innombrables anthères de cette fleur, constatait dès les premières minutes que, du sein des étamines, se dégageait une chaleur de 22° Réaumur, tandis que la température de la serre s'élevait à peine à 17°. Il est à remarquer que les autres parties de la fleur et, même le réceptacle, avaient une température égale à celle de l'air.

Ne perdons point de vue que les symptômes extérieurs que nous observons dans la plante et qui se rapportent à sa fécondation, sont les reflets d'une grande agitation intérieure. Lorsque ce moment de la fécondation est arrivé, la plante, par un acte insaisissable, déverse dans ses anthères le pollen, poussière légère, impalpable, laquelle cependant se compose de petits grains très-distincts, recouverts de deux membranes dont l'extérieure se brise lorsque le grain pollinique arrive sur le stigmate. Alors on distingue à travers les parois diaphanes de la seconde enveloppe la liqueur fécondante appelée *fovilla*, et dans celle-ci des granules infiniment petits qui nagent dans la liqueur, s'agitent dans tous les sens, et paraissent doués de mouvements instinctifs. Presque immatériels comme ils sont, ces petits êtres, par l'agitation qu'ils décèlent, nous apparaissent comme les symboles du travail tumultueux qui s'opère dans l'âme de la plante, et auquel ils semblent participer.

Ces granules, selon l'opinion la plus générale, viennent pénétrer dans l'ovaire du pistil pour y animer le germe et le transformer en embryon. Peut-être aussi, et c'est de nos jours l'opinion de quelques physiologistes allemands, les granules qui se meuvent dans la *fovilla* sont-ils de vrais embryons qui s'introduisent dans le pistil et pénètrent tout formés dans l'ovule pour s'y développer.

A mesure que le moment de la fécondation approche, les plantes décèlent des facultés qu'on n'observait pas en elles auparavant, et qu'on n'y retrouve plus après qu'elles ont atteint à cette félicité à laquelle elles aspiraient avec tant de véhémence. C'est ainsi que l'on voit la motilité des organes devenir à cette époque un fait général, non-seulement dans les plantes supérieures, mais encore dans tout ce groupe immense de végétaux dans lesquels on n'aperçoit pas d'organes spéciaux bien distincts ; c'est même parmi les cryptogames, parmi les champignons, les mousses les lichens, les algues, que les mouvements des germes embryonnés nous saisissent de la manière la plus étrange.

Les algues offrent, sous ce dernier rapport, des phénomènes extraordinaires. Ce sont des plantes qui vivent au fond ou à la surface des eaux douces ou salées, et qui,

pour la plupart, sont susceptibles de se re-
produire par des germes libres et mobiles.
On appelle ceux-ci des zoospores, et les plantes qui les produisent des zoospermées, à
cause de l'analogie que présentent ces corpuscules avec les spermatozoaires, ces ani-
malcules singuliers qui se trouvent dans le
sperme des êtres du règne animal. Plus d'un
observateur a même adopté sans réserve l'o-
pinion d'après laquelle ces corpuscules,
doués d'une grande mobilité, seraient,
dans quelques algues, de vrais spermatozoaires.

Quand l'instinct de la propagation éclate
parmi les zoospermées, elles subissent une
profonde modification, à la suite de laquelle
on voit se former, dans des cellules privilé-
giées, des corpuscules d'une extrême agilité, et munis d'un rostre ou bec. Les mouvements des zoospores commencent dans

l'intérieur même des cellules ou des loges.

Ces spores, selon les observations d'A-gardh, le botaniste, portent leur rostre constamment en avant, et s'en servent comme d'un bélier avec lequel elles viennent frapper, toujours au même point, la paroi de la cellule, et s'échappent ensuite par l'orifice qu'elles réussissent à y pratiquer. Le rostre de la zoospore étant néanmoins un corps très-faible, il est permis de penser, malgré l'autorité du célèbre botaniste suédois, que les zoospores sortent de leurs cellules par des ouvertures que leur aura ménagées la plante-mère, ce qui serait plus conforme à cet instinct de prévoyance que nous avons eu occasion d'observer dans les individus du règne végétal.

Quoi qu'il en soit, sorti de la cellule par un vif mouvement de rotation, la spore se relève d'abord à la surface de l'eau, pour

ensuite s'abandonner à des mouvements rapides toujours dirigés vers la lumière, et
que MM. Unger, Endlicher, Agardh et beaucoup d'autres observateurs considèrent
comme des mouvements volontaires et instinctifs. Quiconque a pu observer ces phénomènes sera, croyons-nous, toujours disposé à se ranger à cette opinion.

Les mouvements de ces êtres durent quelquefois plusieurs heures, et ne cessent qu'au
moment où les zoospores, s'attachant à quelque corps étranger, commencent à germer
et à se développer au fond ou à la surface
des eaux, pour devenir ensuite des êtres
absolument semblables à celui qui leur a
donné naissance.

Les zoospores portent à l'extrémité de leurs
rostres des cils vibratiles dont elles se servent
comme de véritables organes locomoteurs,
soit pour avancer, soit pour éviter les obstacles

qu'elles rencontrent pendant leurs rapides évolutions, dont la nature spontanée étonne l'observateur et constitue un des phénomènes les plus intéressants qu'il lui soit permis de contempler. Voici comment le botaniste Unger, auquel la science est redevable de si belles observations d'anatomie et de physiologie végétales, s'exprime au sujet de la vaucherie, petite algue que l'on voit recouvrir la surface des pierres submergées par des eaux courantes : « Les zoospores, dit M. Unger, se précipitent hors de la cellule par un acte de leur propre volonté (*eigenmächtig*), se meuvent dans tous les sens à la surface de l'eau, s'évitent soigneusement les unes les autres, évitent également tous les obstacles, et traversent la végétation enchevêtrée des algues, sans jamais s'y heurter. On les voit aussi, à leur gré, se reposer ou continuer leurs ébats jusqu'au moment où, s'attachant à un corps étranger, elles commencent à se transformer en algues. »

Et puisque nous contemplons les curieux phénomènes que présentent ces végétaux, nous ferons observer que de nombreuses tribus d'algues conservent pendant toute leur existence la faculté de se mouvoir. Les desmidies, par exemple, et les diatomées qui habitent les eaux vives des étangs et des marais, nagent librement dans toutes les directions ; le plus souvent elles s'élèvent par groupes nombreux vers la surface de l'eau pendant que le soleil brille, et redescendent sur la vase aussitôt que le ciel se couvre. Et cependant on ne distingue dans ces êtres étranges ni vésicules qui les soutiennent sur l'eau, ni aucun autre appareil natatoire ; ils se meuvent probablement en se contractant comme font les reptiles. La grande tribu des oscillaires présente un mouvement de balancement et de torsion lorsque la lumière les atteint, et les individus qui ne sont pas attachés par l'une de leurs extrémités à quelque corps étranger nagent en se contournant et avancent par un mouvement de reptation. Quand on place un grand nombre d'oscillaires dans un vase qui ne laisse pénétrer la lumière que d'un seul côté, on voit au bout de quelque temps, toutes ces plantes ramper lentement vers la lumière pour s'agglomérer sur le point éclairé.

Elle existe donc, dans le monde végétal, cette faculté locomotive que tant de personnes s'obstinent à considérer comme inséparable de la faculté sensitive. Et cependant pour reconnaître combien grande est leur erreur, elles n'ont qu'à songer à ces innombrables animaux qui, privés d'appareil locomoteur, vivent au fond des abîmes de l'Océan ou sur les rochers qui tapissent ses bords immenses.

Les protococcus sont de petites algues qui vivent dans la neige ou dans les eaux pluviales, et les colorent en rouge ou en vert. Ehrenberg en reconnaissait la nature végétale; mais d'autres observateurs, frappés des mouvements singuliers que manifestent ces petites créatures, les plaçaient dans le règne animal. Enfin, les belles recherches de M. de Flotow sont venues donner au problème la plus vraie et en même temps la plus inattendue des solutions : le même être est tour à tour plante et animal.

De Flotow vit, et le fait n'est plus douteux, un *protococcus pluvialis* se transformer en un animalcule appelé *astasia*, puis la lignée de cet animalcule redevenir des algues du genre protococcus. « Je ne puis me refuser à penser, dit M. de Flotow, que l'animal né de cette algue n'en était que le plus haut degré d'évolution. »

Il y a des algues marines, telles que les fucacées de la Méditerranée, qui au moment de leurs amours, présentent des phénomènes non moins extraordinaires. De la plante-mère se détachent simultanément deux espèces distinctes de corpuscules ; aux uns on a conservé le nom de zoospores, aux autres on a donné celui d'anthérozoïdes. Si, au moment où ils apparaissent, on dépose séparément dans un peu d'eau de mer les anthérozoïdes et les zoospores, on les voit tournoyer convulsivement, puis, après quelques heures, mourir et se décomposer. Mais si au lieu de les séparer, on les dépose dans la même eau, on voit les anthérozoïdes nager vivement autour des spores, s'attacher à elles, les couvrir entièrement et les entraîner dans leur course rotatoire. Peu à peu le mouvement se ralentit; il cesse entièrement, et de l'union des anthérozoïdes et des zoospores naissent des êtres semblables à la plante-mère.

Dans un autre groupe d'algues, on peut voir s'effectuer une vraie copulation. Deux filaments se rapprochent lentement l'un de l'autre, et finissent par se joindre au moyen d'un tube que l'un fait avancer à la rencontre de l'autre. Par ce tube passent, de l'un des filaments dans l'autre, toutes les semences que le premier contenait, de sorte, et ceci est bien remarquable, que l'un des organes est toujours donnant, et l'autre toujours recevant.

Saisi d'admiration, en présence de ces faits étonnants, M. Unger s'écrie: « Oui, j'y vois vraiment un grand prodige ; et pourtant la nature nous a permis simplement de soulever le voile d'un mystère que chaque jour elle accomplit des millions de fois. L'acte de la génération a toujours quelque chose de merveilleux et de solennel, mais ici il devient un prodige inconcevable. »

On observe, en effet, à l'époque de la propagation des plantes zoospermées, beaucoup d'autres phénomènes remarquables et qui revèlent, d'une part, les instincts singuliers et le discernement dont ces êtres sont doués à leur naissance, et d'autre part, l'ardeur extrême, dont ils sont animés au moment où ils accomplissent l'acte mystérieux.

Mais nous avons hâte de ramener nos lecteurs vers des familles végétales qui leur sont mieux connues, et parmi lesquelles il leur sera facile de constater la nature animée des mouvements qu'ils y observeront au moment de la fécondation, soit dans les organes floraux, soit dans la plante tout entière.

Nous rappelons d'abord la prévoyance que nous avons déjà observée dans beaucoup de plantes qui, pour abriter le pollen et les germes, ferment leurs corolles avant de s'abandoner au sommeil, et les tiennent closes à l'approche de l'orage.

Le *cactus opuntia*, le lis de Saint-Jacques, la renouée d'Orient, l'ortie, la fritillaire de Perse, une partie des renonculacées, la pariétaire, toute la grande famille des urticées et bon nombre d'autres plantes portent, avant la fécondation, leurs filets staminaux recourbés vers la base de la fleur, de sorte que les anthères qui les terminent se trouvent placées au-dessous des stigmates. Mais, au moment même où la fécondation va s'opérer, les étamines se redressent soudainement et vont frapper contre le stigmate pour s'y ouvrir et y répandre leur poussière pollinique. Le mystère accompli, elles s'éloignent de leurs pistils, se renversent en dehors et s'étalent de nouveau.

La capucine redresse d'abord une seule de ses huit étamines, en laisse tomber le pollen sur le stigmate, puis la recourbe et la ramène à la place qu'elle occupait. Bientôt après, une seconde se redresse pour aller à son tour imprégner le pistil, après quoi elle fait place à une autre. C'est ainsi que toutes les étamines s'approchent tour à tour du pistil pour répandre leur pollen. Le lis superbe, la rue, le lis de Saint-Jacques et plusieurs autres plantes agissent de même.

Lorsque le *parnassia palustris* va accomplir l'acte de génération, il dirige ses étamines vers le pistil par un mouvement trèsvif, mais régulier; quand l'acte est consommé, il les en éloigne lentement, comme à regret et par de fréquents soubresauts.

D'autres êtres, au contraire, tels que la nigelle, les passiflores, la ketmie, impriment des mouvements analogues, non pas à leurs étamines, mais à leurs pistils. Au moment où cet organe va recevoir les grains polliniques des étamines, on voit les stigmates s'entr'ouvrir, les styles s'incliner, s'infléchir vers les étamines, puis après en avoir reçu le pollen reprendre leur première position.

On voit aussi dans d'autres individus, dans les mauves, par exemple, les étamines et les pistils se rapprocher simultanément. Ils se meuvent quelque temps avant de se mettre en contact, et semblent se rechercher les uns les autres.

Le fait suivant nous a été communiqué par plusieurs observateurs, et nous avons pu nous convaincre qu'il est très-connu dans quelques parages de l'Amérique tropicale. Quoique nous l'ayons également trouvé mentionné dans plusieurs auteurs, et que nous le croyions réel, nous le citons néanmoins avec une certaine hésitation, n'ayant pu réussir à le constater par nos propres observations. Le sablier d'Amérique est un arbre d'un bel aspect, et qui porte des fleurs mâles et des fleurs femelles séparées, mais toujours sur le même pied. Or, le pollen des étamines, ne se dispersant pas pour aller s'introduire dans le pistil, l'hymen des sabliers aurait lieu par le contact immédiat des fleurs mâles et femelles. Lorsque le sablier va accomplir l'acte suprême de sa vie, il rapproche, dit-on, les unes des autres, les branches qui portent les chatons des fleurs mâles, et celles où se trouvent isolées les fleurs femelles, faisant ainsi ployer ses branches sous l'ardeur de l'instinct qui le domine. On dit même que le mystère s'accomplit avec un léger bruit, semblable au craquement d'une étincelle électrique.

Ce fait fortifierait d'une manière remarquable les vues de Berthollon, qui pensait qu'au moment de sa fécondation le sablier d'Amérique devait dégager une quantité considérable d'électricité.

Il y a des végétaux qui, au lieu de mouvoir leurs étamines et leurs pistils pour en opérer le contact, préfèrent renverser la fleur tout entière. Dans cette position, les étamines, plus courtes que le pistil, se trouvent au-dessus de celui-ci, et leur pollen ne peut tomber sans rencontrer le stigmate. Mais ce qui est vraiment remarquable, c'est que ces plantes ne laissent leurs fleurs pendre qu'avant et pendant la fécondation : dès que l'acte est accompli, elles les relèvent aussitôt, et les maintiennent désormais droites sur les tiges ; ainsi font les pavots, les campanules, l'impériale et plusieurs autres espèces de végétaux.

Les agaves et tous les aloès, dont les pistils sont beaucoup plus longs que les étamines, portent leurs fleurs d'abord droites ; mais au moment de la fécondation, celles-ci se renversent, pour se redresser dès qu' lles sont devenues fécondes.

Rien, néanmoins, ne montre aussi clairement l'instinct merveilleux dont les végétaux sont doués, que les moyens qu'emploient pour arriver à la fécondation, ceux d'entre eux qui vivent dans des conditions peu favorables à l'accomplissement de cet acte.

Les utriculaires sont des plantes répandues dans les eaux douces de presque toutes les contrées, et assez communes dans les environs de Paris. Tantôt elles nagent librement sous l'eau, tantôt elles sont retenues au fond des marais par de fortes racines. Elles portent toutes sur leurs feuilles inférieures de petites outres rondes et mobiles, remplies ordinairement d'une matière un peu plus pesante que l'eau, et qui maintient le végétal au fond. Mais, au moment où l'instinct de la génération se réveille dans la plante, celle-ci chasse de toutes ses utricules la matière qui s'y trouve, et la remplace par de l'air. Munie alors d'une foule de petites vessies aériennes, elle se soulève lentement du fond des eaux, et vient flotter à la surface pour y passer le temps des amours. La floraison achevée, la plante redevient plus lourde, et se retire au fond de l'eau pour aller mûrir ses graines et les semer à l'endroit où elles pourront commencer leur existence individuelle à l'abri de tout danger.

La valisnérie nous révèle son âme par des actes encore plus significatifs. Aussi est-elle depuis longtemps célèbre à cause des phénomènes admirables qui accompagnent sa fécondation. Ces êtres vivent en sociétés excessivement nombreuses au fond des fleuves, dans les canaux du midi de la France, et surtout dans le Rhône. Ce sont des plantes dioïques, c'est-à-dire des plantes dont les fleurs à pistils et les fleurs à étamines apparaissent toujours sur des individus différents. A l'époque où l'instinct sexuel se fait sentir dans le mâle, celui-ci laisse échapper toutes ses fleurs de la spathe qui les renfermait en grand nombre. Gœthe affirme avoir observé que ces fleurs se détachaient de leur tige par un vif mouvement de propulsion. Elles vont flotter à la surface des eaux et brillent au soleil comme des paillettes d'argent. Au même instant la femelle, mue par le même instinct, déroule sa hampe florifère, qu'elle avait jusque-là tenue au fond de l'eau, resserrée en spirale. A mesure qu'elle écarte les circonvolutions de la spirale, elle élève sa fleur solitaire vers la surface pour l'ouvrir au moment même où elle y sera arrivée. Alors on voit, pour nous servir de l'expres-

sion· de Paolo Barbiéri, les fleurs du mâle
comme s'agiter et se diriger vers celle de la
femelle pour la couvrir de la poussière animée. Devenue féconde, la femelle referme sa
fleur, resserre les spirales de sa tige et se
retire au fond des eaux pour y déposer sa
postérité.

RAPPORTS SYMPATHIQUES ENTRE LES ÊTRES
DES DEUX RÈGNES

Il arrive très-fréquemment que la nature oppose des obstacles infranchissables à l'union immédiate des deux sexes, soit que les individus mâles et femelles se trouvent placés à une trop grande distance les uns des autres, soit que la structure ou la position des organes floraux rende la fécondation directe impraticable, ou du moins très-difficile. C'est alors que s'établissent, entre le végétal et les animaux, les rapports singuliers dont nous voudrions faire ressortir la signification psychique que nous leur attribuons.

La plante semble alors appeler à son aide des êtres de l'autre règne, afin qu'ils lui prêtent le secours de la locomotion que la nature lui a refusée et leur a donnée. Ne pouvant ni crier, ni gesticuler, le végétal a recours à des signaux que comprennent fort bien les petits êtres qui s'agitent autour de lui, et auxquels il s'adresse.

Quand le moment de la fécondation approche, la plante distille dans sa corolle une liqueur sucrée qu'elle concentre dans de petits réservoirs. Ce sont ces réservoirs nectarifères que l'on aperçoit dans la corolle d'un grand nombre de fleurs, dans celle de la violette, par exemple.

Le nectar étant préparé, le végétal ouvre entièrement sa corolle aux couleurs éclatantes. C'est le premier signal qui vienne frapper la vue des insectes. Ils accourent, entrent dans la corolle, et commencent à rechercher les nectaires, qui se trouvent souvent placés dans les parties les plus profondes de la fleur; de sorte que les insectes ne peuvent y arriver sans toucher aux anthères des étamines et au stigmate du pistil. Quoique les nectaires soient presque toujours abrités de la pluie par des poils ou de petites écailles qui les recouvrent, l'accès en est pourtant libre aux insectes.

Qui n'a observé l'impétuosité que met l'abeille à se précipiter dans la corolle d'une fleur? Elle s'y roule avec une sorte de frénésie. La poussière vivifiante des anthères s'attache à son corps velu, pour ensuite s'en détacher et s'introduire dans le pistil, lorsque l'abeille, la poitrine appuyée sur le stigmate, pompe le nectar du fond de la corolle.

Lorsqu'un insecte, attiré par l'éclat ou le parfum d'une fleur, vient la visiter, il se peut qu'il ne découvre pas aussitôt les nectaires cachés au fond de la corolle. La plante semble, pour ainsi dire, avoir prévu ce cas, et afin de venir en aide à son hôte, elle a eu soin de tracer sur les parois intérieures de sa corolle des lignes ou des taches appelées nectaro-stigmates, et qui conduisent jusqu'aux réservoirs où se trouve le miel. Le nombre de ces tracés, dont la couleur contraste avec celle de la corolle, est toujours égal à celui des nectaires. Ils constituent ainsi de véritables chemins, destinés à conduire les insectes jusqu'au fond de la fleur, afin que, passant et repassant sous le pistil et les étamines, ils transportent le pollen de l'anthère au stigmate.

La fleur des renoncules, par exemple,

étant largement ouverte, offre un accès facile aux insectes ; mais les glandes nectarifères se trouvent au fond de la corolle, là
où les filets staminaux, infléchis vers la base
de la fleur, appuient leurs anthères contre
les pétales. Les petits insectes, les anthopha-
ges et les omalides, les tout petits papillons,
comme les adèles resplendissantes, les œco-
phores aux ailes d'or, sont les hôtes qui
fréquentent ces fleurs. Entièrement oc-
cupés à rechercher les nectaires, ils vont
et viennent, soulevant, secouant sans
cesse les anthères, et mettent ainsi la
poussière staminale en contact avec les
stigmates qui se trouvent au milieu de la
fleur. Tous ces petits êtres restent dans la
corolle, lorsqu'elle se ferme, et si l'on entr'ouvre la fleur pendant le sommeil de la
plante, on les voit se reposant sur les étamines et même sur le stigmate. Ils s'y

trouvent en si grand nombre, qu'ils remplissent toute la corolle.

La fleur renflée et tubuleuse des aristoloches est recouverte entièrement de petits cils inclinés vers le fond de la corolle. Dès que celle-ci s'épanouit, on voit de petits papillons s'y introduire et y chercher le nectar, mais les cils inclinés les empêchant d'en ressortir, ils s'agitent dans la fleur jusqu'à ce qu'ils aient enlevé tout le pollen des anthères et l'aient transporté sur le stigmate. Lorsque la fécondation s'est ainsi opérée, les cils se rabattent et les captifs s'échappent.

Les violettes, l'aristoloche-clématite, les mauves, le sureau et beaucoup d'autres individus se fécondent avec le concours des insectes; mais c'est surtout dans la classe de végétaux, où les individus à fleurs mâles et à fleurs femelles sont séparés, que les rapports qui s'établissent entre ces plantes et les insectes acquièrent toute leur importance. On voit alors ces petits êtres, le corps imprégné de la poussière des fleurs mâles, s'introduire dans les fleurs femelles, leur apporter le pollen vivifiant et contribuer ainsi à la conservation de l'espèce.

Dans les contrées de l'Europe, nous n'avons jamais vu les plantes, à l'époque de leurs amours, appeler auprès d'elles, pour faciliter leur fécondation, d'autres êtres que des coléoptères, des papillons et des abeilles. Il n'en a pas été de même dans les régions tropicales. Là, nous avons pu, maintes fois, nous assurer que les colibris aidaient à la fécondation végétale, et que par eux s'établissaient des rapports constants parmi les végétaux, dont les mâles et les femelles vivent séparés. Nous les avons vus butiner avec une prédilection incontestable les fleurs des plantes dioïques et monoïques, telles que les euphorbiacées et les papayers.

L'oiseau-mouche sonde avec sa langue effilée le fond de la corolle pour en sucer le miel. Pendant qu'il plane ainsi devant la fleur, il frappe fréquemment et avec une véhémence extraordinaire sa petite tête contre les parois de la corolle, et par moments, il disparaît dans la fleur. La petite huppe étincelante dont sa tête est ornée se recouvre de la poussière des fleurs mâles. On le voit voltiger avec une rapidité inconcevable des mâles aux femelles, apporter à celles-ci le pollen vivifiant, et contribuer ainsi à leur fécondation.

Il y a des plantes qui attirent les insectes non-seulement par l'éclat, mais surtout par la forme de leurs fleurs. C'est ainsi que l'on a souvent observé que les orchidées donnaient à leurs corolles une forme absolument semblable à celle des insectes qui viennent les visiter.

En observant que les végétaux, au moment de leur floraison, attiraient vers eux, par le miel qu'elles distillent, par le parfum, par l'éclat, par la forme qu'ils donnent à leurs corolles, les insectes qui doivent leur faciliter l'acte de la fécondation, nous avons pensé que ces faits constituaient des phénomènes évidemment instinctifs et animés; nous en avons conclu que ce commerce si étrange, si intime avec les êtres du règne animal devait élargir le cercle des sensations dont l'âme végétale est susceptible.

Il nous a dès lors semblé puéril de penser que la plante donnait de l'éclat et du parfum à sa fleur uniquement pour récréer nos sens; qu'elle faisait son miel uniquement pour que l'insecte vînt le sucer et sans qu'il en résultât aucun avantage pour elle-même. Nous avons pensé, au contraire, que les flots de parfums qu'elle répandait dans l'espace, étaient pour elle ce que sont pour nous la voix et les ondes sonores ; nous avons pensé que la plante, surtout à l'époque de ses amours, communiquait avec ses semblables au moyen de ces mêmes effluves odorants qui attiraient l'insecte ; et il nous a paru sensé d'admettre qu'en même temps que celui-ci avait du bonheur à s'agiter dans la fleur, la plante éprouvait les sensations dont est toujours accompagné ailleurs l'acte qui s'accomplissait en elle par la présence de l'insecte. Nous retrouvons, du reste, la même pensée dans cette chansonnette de Gœthe ·

> Voici la fleur qui se réveille,
> Fraîche et jolie, avec le jour.
> Ne vois-tu pas venir l'abeille
> Qui la caresse avec amour ?
> Si donc abeille et fleur jolie
> A s'entr'aimer trouvent bonheur,
> C'est que Dieu fit, écoute, amie,
> L'une pour l'autre, abeille et fleur.

Oui, la plante et l'abeille sont destinées à vivre dans un mutuel commerce.
Nous tous, tant que nous sommes, qui
vivons, qui nous agitons sur ce globe,
que nous soyons hommes, plantes ou
animaux, nous existons les uns par les
autres, et nous nous trouvons engagés
dans un incessant échange de forces et de
services. Si le monde végétal exhale l'oxygène que respirent les êtres du règne
animal, ceux-ci expirent l'acide carbonique
que les plantes recherchent pour en absorber
le carbone. Si les végétaux donnent aux
hommes leur pain quotidien, et aux animaux
leur pâture, nous leur livrons, à notre mort,
nos corps tout entiers.

Quel est l'agent central qui établit cette
économie merveilleuse dont nous ne saisissons qu'une faible branche, et dont l'ensemble échappe à la conscience de l'humanité?

13.

Quel est l'être dont émane ce mouvement général, qui en a conscience, qui sent vibrer en lui les instincts, les aspirations, les peines et les joies de toutes les existences terrestres ? Serait-ce cette mère que nous aimons tous, que nous connaissons si bien et dans le sein de laquelle les hommes, les plantes et les animaux naissent, vivent, disparaissent et ressuscitent ? En un mot, serait-ce la Terre elle-même, la Terre vivante, animée, éternelle ? Nous le croyons.

LA PLANTE ET SON NOURRISSON

A l'impétuosité, à la véhémence que nous avons vu les végétaux déceler à l'époque de la fécondation, succède le calme indispensable à une bonne gestation. Les ardentes amours cessent ; les soins maternels commencent.

Après leur fécondation les plantes semblent en effet redoubler de précautions au dedans et au dehors pour conserver le fruit qui doit perpétuer leur espèce. Elles l'installent d'abord dans le placenta comme dans un nid bien moelleux, l'enveloppent de pulpes, de gousses, de capsules, de pellicules. « Une mère n'a pas plus d'attention pour le berceau de son enfant, » disait avec raison Bernardin de Saint-Pierre. On ne saurait se refuser à y reconnaître l'effet de cette affection innée qu'ont tous les parents pour leurs petits.

Autant les plantes soignent l'embryon qu'elles portent dans leur sein, autant elles montrent de la prévoyance lorsqu'elles s'en séparent pour le laisser commencer sa vie individuelle.

Nous avons déjà vu la valisnérie et les utriculaires, devenues fécondes, se retirer au fond des eaux pour y mûrir leurs graines, et les semer là où elles pourront sans danger commencer leur existence.

Victoria regia vient ouvrir ses magnifiques

fleurs à la surface de l'eau, et la fécondation
a lieu dans l'atmosphère. L'observateur suit
alors avec un ravissement inexprimable le
mouvement incessant, le travail mystérieux
qui s'opère dans la corolle. Cette plante, admirable dès les premières phases de son
existence, l'est encore après la fécondation et
pendant la gestation. A peine est-elle devenue féconde, qu'elle recouvre nonchalam-
ment de ses larges pétales le lit nuptial où
l'hymen s'est consommé, et, obéissant à un
merveilleux instinct, elle va mûrir ses graines
au fond de l'eau pour les y semer ensuite.

D'autres plantes couronnent leurs graines
d'aigrettes, de panaches, d'ailerons, afin
qu'elles soient emportées au loin et que l'emplacement ne leur manque pas. Tel est
l'usage parmi les camomilles, les chicorées,
les chardons, les cèdres, les érables et plusieurs autres végétaux.

La prévoyance que décèlent les poules et les autres animaux qui, après avoir élevé leurs petits, les dispersent pour qu'ils trouvent leur nourriture, n'est pas plus admirable que celle que révèlent certaines plantes, les balsamines des bois, par exemple, qui, à la maturité de leurs graines, les projettent avec force hors des valves et les dispersent sur le sol.

Le sablier d'Amérique agit exactement de même, lorsqu'il brise sa coque avec un grand bruit et lance au loin ses graines nombreuses.

Par contre, lorsque la jeune plante ne peut prospérer que dans un sol tout particulier et qu'il y aurait, par conséquent, danger à ce qu'elle commençât son existence ailleurs que près de la plante mère, celle-ci ne l'abandonnera qu'après l'avoir pourvue des moyens nécessaires pour s'attacher solidement au sol.

Les rhizophorées nous offrent des phénomènes remarquables sous ce rapport. Le manglier, par exemple, est un arbre peu élevé qui vit à l'embouchure des fleuves sur le littoral des mers tropicales, là où le sol est tour à tour submergé et mis à découvert par le flux et le reflux de l'Océan. Afin que son nourrisson puisse se fixer au sol qui lui convient, la plante mère ne l'abandonne que lorsqu'il acquiert la force et l'âge nécessaires pour résister au mouvement des eaux.

Elle le laisse, par conséquent, se développer sur elle et produire une racine qui apparaît au sommet du péricarpe, se renfle vers son extrémité et se dirige vers la terre. Après l'avoir porté ainsi une année entière, la plante mère se décide enfin à se séparer du jeune individu : elle le laisse tomber dans la vase où il se fixe aussitôt au moyen de sa racine toute formée. Il arrive même souvent que la plante attende pour se séparer de son fruit que la radicule ait d'abord atteint la terre et s'y soit bien consolidée.

L'ANASTATIQUE

Il y a des végétaux qui, au début de leur existence, ne peuvent prospérer que sur un sol humide, dans une atmosphère imprégnée de vapeur. Or, il arrive souvent que la plante-mère devient féconde précisément à l'époque des grandes sécheresses.

Comment agira-t-elle dans cette occurrence? Si elle propage les semences, toutes périront infailliblement. Deux instincts opposés la travaillent : d'une part, il faut obéir à la loi commune qui veut qu'elle se sépare des graines qui ont mûri ; d'autre part, un instinct non moins puissant l'avertit du danger qui menace sa progéniture. Dans cette situation difficile, la plante accomplit des actes qui, observés chez d'autres créatures, passeraient pour des actes de dévouement maternel.

Voici, par exemple, l'*anastatica*, petite plante que les Arabes ont en grande vénération, et qu'ils appellent *kef meryem*, fleur de Marie. Le lecteur la connaît peut-être sous le nom de rose hiérochontique, ou rose de Jéricho. Elle vit en groupes nombreux dans les plaines de l'Égypte, dans les vallons de la Palestine, sur les côtes sablonneuses de la mer Rouge. Comme la plupart des crucifères, elle affectionne surtout les lieux habités, et se plaît dans le voisinage de l'homme. En Syrie, le voyageur la rencontre partout : dans les cours, dans les jardins, sur le seuil même des habitations.

Pendant les grandes chaleurs, elle étale près du sol ses feuilles grisâtres, et à l'époque des amours elle porte gaiement à l'extrémité de sa tige une foule de petites fleurs, dont le vif éclat contraste avec les ternes nuances du feuillage. Elle ne tarde point à devenir féconde : la petite corolle se flétrit, les pétales tombent; et voici une génération nouvelle qui sommeille déjà dans la silique.

Il se peut qu'en ce moment les pluies viennent tempérer la chaleur et humecter le sol. Dans ce cas, la plante-mère ouvrira les siliques pour en laisser échapper la semence; mais si la sécheresse continue, si le sol reste brûlant, elle ne livrera pas ses graines à l'ardeur du soleil.

Lorsque, sous l'action de la chaleur, elle

commence à perdre ses feuilles, on la voit ramener vers le sol l'extrémité de sa tige, et
de ses rameaux desséchés recouvrir chaque
silique, chaque berceau. A la voir ainsi cou-
chée sur le sol, on pourrait la croire inanimée. Ce serait néanmoins une erreur; car si
elle dépérit, si elle perd son éclat, c'est
qu'un seul instinct résume maintenant les
énergies de son âme. Assurer l'existence de
ses descendants, tel est son unique objet. Et
puisque les nouvelles semences périraient
dans l'endroit où elle-même fut heureuse,
elle les transportera dans un autre milieu
sur un sol plus hospitalier.

Pour obéir à l'instinct qui la domine, et
comme pour se préparer au voyage, l'anastatique peu à peu détache du sable la forte
racine qui l'y tenait fixée; et bientôt elle ne
tient plus au sol que par une mince fibrille
qui, je crois, l'alimente jusqu'au moment

du départ. Lorsque le vent se réveille enfin, et court sur la plaine aride, il saisit la plante, il l'enlève et traverse avec elle le désert pour la déposer bien loin en quelque fraîche oasis.

Dès qu'elle aspire l'air humide, elle sort de sa stupeur, elle se ranime, elle reverdit soudainement; et la voici qui reprend le cours de son existence, maintenant qu'elle peut livrer à eux-mêmes les êtres qu'elle avait anxieusement abrités. Toutefois, à peine s'en est-elle séparée, que déjà elle s'étiole, elle se flétrit et retombe en léthargie. Il peut arriver qu'elle se réveillera de nouveau, mais elle restera stérile; désormais elle ne fleurira plus, elle ne connaîtra plus les ivresses de l'amour.

LA FLEUR DE RÉSURRECTION

On croit que la plante dont on va maintenant entretenir le lecteur agissait comme l'anastatique. On le croit, mais on ne saurait l'affirmer, car tout en elle est mystère. L'histoire même de sa découverte est étrange comme une légende orientale.

En 1848, alors que le souffle de fortes passions agitait l'Occident, un naturaliste explorait paisiblement la haute Égypte. C'était le docteur Deck qui parcourait le désert, à la recherche d'émeraudes. Il voulait retrouver les riches mines qu'avaient exploitées les anciens. Le voyageur ne découvrit pas la pierre précieuse qu'il était venu chercher, mais il rapporta du désert un trésor qu'il estima plus haut. Un pauvre Arabe auquel il avait sauvé la vie, le lui donna.

C'était une petite plante sèche dont la tige portait deux boutons, ou plutôt deux chétives petites boules qu'on pouvait prendre pour des boutons brûlés par le soleil. En présentant cette plante, l'Arabe déclara qu'elle avait été trouvée au désert, dans un ancien tombeau, sur le sein d'une prêtresse égyptienne. Il ajouta que cet objet, d'apparence si modeste, détenait un charme puissant. Et pour convaincre le docteur qui l'écoutait en souriant, il humecta la plante légèrement. Aussitôt il se fit en elle un sin-

gulier travail, et les chétives petites boules
se transformèrent en fleurs d'une magique
beauté.

L'Arabe avait raison, cette plante exerce
un charme ineffable sur l'homme qui la
contemple. A peine l'a-t-on arrosée, qu'elle
commence à s'agiter : la tige se redresse, la
fleur s'entr'ouvre lentement, et les frêles pétales se déroulent un à un pour se disposer
en rayons autour d'un point central. En
ce moment, la fleur a l'aspect d'une petite
pâquerette; mais après un instant d'hésitation, elle renverse brusquement sa corolle,
et découvre son sein sur lequel reposent les
semences. Dans cette phase suprême, elle
ressemble vaguement à la passiflore; quoique plus petite, elle en a le port et les contours. Si le parfum et l'éclat de la passiflore
lui font défaut, elle a, par contre, des teintes
irisées d'une extrême finesse, et des pétales

diaphanes qui font d'elle une fleur à nulle autre comparable. Après quelques instants d'une vie active, la plante commence à s'étioler; la tige perd sa vigueur, la fleur se contracte, les pétales se replient mollement sur eux-mêmes, et soudain la plante s'affaisse comme frappée de stupeur.

On éprouve je ne sais quelle émotion profonde à la vue de cet être, dont les métamorphoses présentent tour à tour l'image de la mort, et celle de la vie éternelle. Le papillon qui se dégage radieux de son linceul, n'est pas un plus gracieux symbole de l'immortalité. On a donc choisi une expression heureuse, en nommant Fleur de résurrection la plante qui s'est réveillée d'une léthargie séculaire pour exposer à nos regards des beautés qu'avaient peut-être admirées les contemporains du roi Sésostris. Les siècles, en passant, ont fait sombrer l'œuvre du conquérant et en ont effacé les vestiges, mais ils ont laissé intacte l'humble plante, et en ont respecté la secrète vertu.

Mille et mille fois le docteur Deck, et, après lui, M. Eames, le disciple auquel il légua son trésor, ont vu cette plante ressusciter, puis mourir, puis renaître encore dans l'éclat de son impérissable beauté. Mais quelque grande que soit l'activité qu'elle déploie au début de chaque existence nouvelle, jamais elle n'a pu achever son œuvre suprême, jamais elle n'a su propager les semences qu'elle abrite dans sa fleur. On dirait que, placée dans des circonstances anormales, elle se refuse à livrer ses graines aux caprices du hasard.

Il serait impossible de préciser la tribu à laquelle appartient cet être mystérieux. Alexandre de Humboldt, à qui M. Deck avait offert l'une des deux fleurs, déclara qu'il ne connaissait rien qui ressemblât à cette plante, dont, pensait-il, l'existence même n'avait jamais été soupçonnée. Toutefois on a quelque raison pour croire que les anciens avaient connu cette merveille du monde végétal, et il est même probable qu'au moyen âge, l'Orient en conservait encore quelque vague souvenir; car, dans les cathédrales de Rouen et de Bayeux sur les tombeaux des croisés, et à Malte sur ceux des chevaliers de l'ordre, est gravée, comme emblème de l'éternel amour, une fleur mystique qui n'est autre, je crois, que la fleur de résurrection au moment où elle ouvre sa corolle.

Quoi qu'il en soit, quand je songe que le végétal qu'on vient d'étudier est extrêmement sensible à l'action de l'humidité, quand je vois qu'il ouvre ses fleurs au contact de l'eau, et qu'alors seulement il expose ses graines à la lumière, je me dis que si de nos jours ses semblables vivent et se propagent dans quelque coin ignoré de l'Orient, ils doivent agir comme la rose hiérochontique, en détenant, comme elle, leurs graines pendant la sécheresse pour les semer ensuite sur une terre humide.

Nous voici arrivés au dernier terme de l'activité végétale. Beaucoup de plantes meurent dès qu'elles ont assuré l'existence de leur progéniture ; d'autres, au contraire, après avoir procréé, se reposent pendant une période plus ou moins longue, selon les pays qu'elles habitent, et recommencent à vivre de la vie des égoïstes : pourvoir à leur nourriture, se réchauffer au soleil, dormir d'un sommeil normal, redevient leur unique souci. Plus de soin pour la postérité, plus de précautions à prendre et de privations à s'imposer. Mais tout à coup l'amour se réveille de nouveau, et ces âmes, qui semblaient perdues dans l'égoïsme, recommencent ces mêmes soins, ce même dévouement, et révèlent ces mêmes admirables instincts que nous venons d'observer.

Tel est le spectacle qu'il nous est donné de contempler dans le monde des plantes, tel est le cercle dans lequel se meut l'existence des végétaux qui vivent de longues années.

Mais la longévité même des plantes est un fait bien digne de fixer notre attention. N'est-il pas, en effet, très-significatif, relativement à la question de l'âme, que l'existence individuelle la plus longue, et par conséquent, l'activité la plus continue et les amours le plus souvent réitérées, aient été placées dans le monde végétal ?

Le lecteur n'ignore pas qu'il existe, épars sur le globe, des végétaux qui ont traversé des centaines et des milliers d'années.

On estime, en effet, à dix siècles l'âge du grand châtaignier de l'Etna connu sous le nom de *castagno dei cento cavalli*.

Dans l'île de Ténériffe, près de la jolie petite ville d'Orotava, se trouve un dragonnier (*dracœna draco*) dont la tige a plus de 20 mètres de circonférence. Il est entouré d'un grand nombre de ses semblables qui, moins âgés que lui, font d'autant mieux ressortir les formidables dimensions du géant. Le dragonnier croît avec une lenteur extrême, et Berthelot avait raison de dire qu'en comparant les jeunes dragonniers à l'arbre gigantesque, les calculs que l'on fait sur l'âge du dernier effrayaient l'imagination. On peut évaluer à plus de cinquante siècles l'âge du grand dragonnier, de sorte qu'il aurait été contemporain de la création du monde selon le mythe de Moïse.

En 1454, le navigateur vénitien Cadamosto vit, à l'embouchure du Sénégal, des baobabs (*adansonia digitata*) qui avaient 32 pieds de diamètre. Lorsque, trois siècles après lui, Adanson mesura les colosses, il les retrouva tels que les avait décrits le Vénitien ; trois cents années n'avaient pas suffi pour modifier sensiblement les contours de ces êtres auxquels l'ingénieux, le grand naturaliste provençal attribuait une existence de cinquante-deux siècles [1]. Mais cette estimation ne repose pas sur des données d'une exactitude rigoureuse [2]. Nous croyons avec Alexan-

---

[1] Adanson, *Voyage au Sénégal.*
[2] Adanson a soin d'en convenir en ces termes, dont nous n'avons garde d'altérer l'orthographe : « Le calcul

dre de Humboldt que les adansonnées du Sénégal existent depuis plus de soixante siècles, et que par conséquent leur origine remonte à une époque où la constellation de la Croix, qui illumine aujourd'hui les nuits du tropique, était encore visible dans nos contrées.

M. Unger, le botaniste, pense qu'il y a dans le monde végétal des individus d'une antiquité égale à celle des plus anciens monuments historiques, et de Candolle croit fermement qu'il existe encore des végétaux qui ont été témoins des dernières révolutions de la planète. Les exemples de longévité qu'on vient de citer, quelque intéressants qu'ils soient, n'auraient pas suffi, peut-être, pour nous rallier entièrement à cette der-

de l'âge de chake couche n'a pas d'exactitude géométrike. »

nière opinion, si une récente découverte
n'était venue la confirmer.

Dans le fond d'une vallée, à une trentaine
de lieues de la ville de Sacramento, en Cali-
fornie, on a découvert, il y a quelques
années, un groupe d'arbres gigantesques,
appartenant au genre *taxodium*. Quoiqu'ils aient quelque ressemblance avec les
cèdres, ils sont néanmoins les seuls repré-
sentants de leur espèce. Un de ces arbres,
appelé le Père de la forêt, avait plus de
420 pieds de hauteur. Aujourd'hui qu'il a
succombé aux mutilations que les hommes
lui ont fait subir, on peut, en observant les
cercles concentriques de sa tige, s'assurer
qu'il avait atteint un âge considérable ; toutefois on ne saurait préciser le nombre de
siècles qu'il avait vus passer. Ces arbres,
d'une antiquité prodigieuse, semblent posséder encore la force et la santé du jeune

âge. Ce qui le prouve, c'est la résistance qu'ils opposent aux injures sans nombre dont les hommes voudraient les rendre victimes. Un de ces êtres, la Mère de la forêt, a plus de 330 pieds de haut. Je sais qu'en 1854 on lui enleva son écorce jusqu'à la hauteur de 120 pieds; eh bien, on m'assure que cet arbre se porte encore aujourd'hui à merveille, et semble même vouloir réparer le dommage qu'on lui a causé.

Il faut avoir vu ces groupes de géants pour comprendre le sentiment de respect et de vénération que l'homme est capable d'éprouver, lorsqu'il se trouve tout à coup en présence d'êtres dont l'activité appartient, il est vrai, à une tout autre sphère que la sienne, mais devant lesquels la conscience de la fugacité de sa propre existence se réveille et lui inspire de salutaires réflexions.

Tous ces vieillards ne se sont jamais las-
sés, durant leur longue existence, de produire toujours de nouveaux bourgeons, de
marquer chaque nouvelle année par un cercle nouveau, de recommencer pendant bien
des siècles les œuvres de l'amour avec le
même entrain, et de prodiguer à leur postérité toujours les mêmes soins et le même
dévouement. En s'accroissant dans l'espace,
ils ont développé de plus en plus leurs rapports avec les éléments atmosphériques,
tandis qu'en faisant pénétrer leurs formidables racines toujours plus avant dans les
profondeurs du sol, ils ont multiplié leurs
relations avec les forces minérales de la
Terre.

A l'aspect de ces êtres vénérables, on est
presque tenté de croire avec de Candolle,
que les végétaux, plus privilégiés que nous,
étaient primitivement destinés à vivre dès

ici-bas de la vie éternelle, tandis que nous autres devons passer par une métamorphose dont les phases se dérobent à nos regards derrière le voile impénétrable de la mort.

Nous sommes bien persuadé qu'une vie si longue et si active ne peut s'écouler sans que l'être auquel elle fut accordée, ressente d'une manière quelconque des peines et des joies que la nature doit avoir attachées à son existence comme à celle des autres créatures.

L'AME DE LA PLANTE

Jetons maintenant un coup d'œil rapide sur le chemin que nous venons de parcourir, afin d'embrasser dans une vue générale les phénomènes épars que nous y avons observés, et que nous allons rapprocher, pour en tirer quelques déductions sur la nature de l'âme végétale.

Les plantes se sont offertes à nos regards comme des êtres dont la forme et les habitudes diffèrent entièrement des nôtres. Au premier aspect, elles nous ont semblé inertes, immobiles ; mais à mesure que nous les avons étudiées, nous avons vu l'individualité de chaque plante se détacher nettement de celle des autres créatures. Nous avons reconnu que les végétaux se nourrissent, qu'ils se propagent, qu'ils impriment à tous leurs organes des mouvements remarquables, en un mot, qu'ils vivent comme vivent les autres créatures animées.

Mais les plantes ont-elles conscience de leur existence? Ont-elles une âme? Qu'est-ce que l'âme? Comment les forces animées se distinguent-elles des autres forces de la nature? Nous ignorons s'il est donné à l'âme humaine de trouver la solution vraie de ces problèmes, mais la rechercher et s'en rapprocher de plus en plus, c'est là, pensons-nous, un travail bien digne de ses efforts.

Au reste, peu de mots peuvent suffire

pour éclairer ces questions, par rapport aux âmes végétales qui palpitent, qui agissent sur le sein maternel de la Terre en même temps que les âmes humaines et animales.

Les âmes sont des forces dont l'action sur le monde extérieur est tantôt très-étendue, tantôt très-limitée. Nous reconnaissons dans toutes les forces animées une certaine tendance à la polarité, ou plutôt un certain dualisme, en vertu duquel elles sont douées de deux modes d'existence, de deux genres d'activité bien distincts. L'une de ces manifestations est dirigée au dehors, elle se rapporte à l'action que chaque âme exerce sur les autres forces naturelles et aux influences qu'elle en reçoit à son tour. Cette manifestation extérieure constitue le côté physique, le corps qui rend cette âme sensible aux autres êtres et leur en révèle l'existence. L'autre mode d'activité est tout intérieur :

c'est l'acte par lequel chaque âme se révèle à elle-même; c'est le travail spontané par lequel elle arrive à la conscience d'elle-même. Il est évident que ce travail intérieur ne peut être saisi dans toute son intensité que par l'âme seule dans laquelle il s'opère, et que les autres âmes ne peuvent le comprendre que par induction. Nous ne savons pas, à vrai dire, ni comment, ni à quel degré toute autre âme que la nôtre acquiert le sentiment de sa propre existence. L'activité intérieure de l'âme la plus amie nous reste encore un mystère qui nous attire, qui nous charme et que nous aimons à étudier. Nous jugeons, sur les manifestations extérieures que nous connaissons, du travail intérieur que nous ne voyons pas.

Toute substance qui se sent agir, au dehors comme au dedans, par une impulsion qui lui est propre, est pour cette raison même un être animé, quelle que soit la forme extérieure qu'elle revêt. Il en résulte que la liberté, la conscience de sa propre activité et la sensibilité constituent trois attributs par lesquels une âme se distingue essentiellement de toutes les autres forces qui agissent sur elle, et contre lesquelles, sans cesse, elle réagit.

Or, avons-nous observé dans la vie des plantes des phénomènes qui révèlent les trois attributs qui, selon nous, caractérisent la force animée ? Nous le croyons.

Nous avons tout d'abord constaté une grande liberté d'évolutions dans la manière dont les végétaux produisent et disposent, à leur gré, leurs branches, leurs feuilles et leurs différents organes. Puis, après avoir démontré que, pour les êtres du règne végétal, croître c'est agir, nous avons vu les végétaux d'une même espèce déceler, par la diversité de leur accroissement, une variabilité, une liberté très-étendue. Remarquant enfin, que les plantes d'une seule et même espèce, vivant toutes sur le même sol, agissaient néanmoins différemment, nous en avons conclu que ces êtres jouissaient d'une liberté tout individuelle, comme il convient à des forces animées.

Bien des faits, parmi ceux que nous avons rapportés dans le cours de cette étude, auront laissé entrevoir combien il est probable que la plante a conscience de son existence et de sa propre activité. L'acte par lequel son âme se révèle à elle-même étant néanmoins une manifestation purement intérieure, nous ne pouvons en juger, ainsi que nous l'avons déjà dit, que par les manifestations extérieures de cette âme. Plus les instincts qu'un être décèle seront énergiques, plus surtout son activité sera puissante et intense, plus aussi, croyons-nous, sera claire et forte la conscience intérieure qu'il aura de son existence et de l'énergie qu'il déploie.

Or, des faits nombreux sont venus nous faire apprécier la puissance des appétits de la plante, soit lorsque nous l'avons vue, avide de lumière, rechercher les rayons solaires et se diriger vers eux ; soit lorsque nous l'avons vue conduire ses racines à travers le roc pour arriver à la bonne terre; soit enfin, lorsque nous l'avons vue s'agiter sous l'ardeur de ses amours.

L'inertie, que l'on attribue si généralement aux plantes, s'est transformée devant nous en une activité prodigieuse qui va en quelque sorte nous servir maintenant de norme pour mesurer l'énergie avec laquelle la plante doit se sentir vivre et agir. En effet, en l'examinant avec quelque soin, on

reconnaît en elle une force sans cesse occupée à remuer la matière inerte pour la
pétrir et la métamorphoser. Elle la broie,
elle la modèle, elle la colore, elle la modifie. Aristote est, croyons-nous, le premier qui ait constaté cette étonnante activité et qui ait été frappé de la tendance
des âmes végétales à donner une forme
à la matière. Aussi enseignait-il que
l'âme des végétaux était une âme plasti-
que.

Le Stagyrite avait raison d'appeler ainsi
cette âme active qui cherche des minéraux
dans le sein de la terre, enlève à l'atmosphère son carbone, mêle et transforme ces
matières pour en composer le corps si gracieux que nous lui connaissons et qu'elle ne
cesse de modeler et d'orner de couleurs harmonieuses. Passer la vie entière à peindre
et à modeler est le sort que bien des hommes

ont rêvé. Celui des plantes n'est donc pas si misérable, pour peu qu'elles aient conscience de leur activité.

Une dernière réflexion achèvera de nous démontrer qu'il ne saurait guère en être autrement. Pendant que l'âme de la plante est ainsi occupée à métamorphoser et à vivifier la matière, elle se trouve engagée dans une lutte énergique avec les éléments, dans un conflit incessant avec les autres forces de la nature qui agissent sur elle et qui tendent à détruire son ouvrage. De cette lutte et de ce conflit, de ce choc contre des forces contraires, doit indubitablement résulter pour l'âme végétale quelque chose qu'on pourrait appeler le sentiment de sa propre individualité. Nous pensons aussi que ce sentiment sera d'autant plus accentué, que la lutte aura été plus opiniâtre; de même que la conscience que nous avons de notre exis-

tence est d'autant plus nette, que le combat
de la vie est plus rude.

Si bien des considérations nous ont porté
à croire que les plantes se sentent vivre et
agir, d'autres faits plus directs, plus patents
nous en ont démontré la sensibilité. Nous
l'avons constatée du moment où nous avons
vu les végétaux réagir contre la moindre
violence que l'on fait subir à une partie quelconque de leurs corps ; nous l'avons constatée lorsque nous avons observé qu'ils se
contractent ou se détendent sous l'action des
causes excitantes ; mais c'est surtout à l'é-
poque de leur fécondation que nous avons
observé en eux les signes les plus évidents
de sensibilité.

L'âme de la plante monte alors à la
surface, et se dégageant de ses voiles mystérieux, elle vient exercer sur les âmes humaines ce charme irrésistible que chacun de

nous subit au printemps, au moment de la floraison des plantes. Le parfum qu'elles exhalent, les couleurs resplendissantes dont elles brillent, cet ensemble gracieux et magnifique, éclatant et harmonieux — tout cela a pour nous une signification profonde : c'est la solennisation de l'hymen, .c'est l'expression visible et extérieure de la félicité qui remplit en ce moment l'âme des plantes. Aussi, loin de penser que les végétaux sont incapables d'éprouver des sensations, voyons-nous en eux les êtres les plus sensuels que la Terre ait créés. Où trouver ailleurs les indices d'une force affective aussi prodigieuse? Il suffit de jeter un regard sur les milliers d'organes floraux d'un tilleul ou d'un acacia pour saisir notre pensée, et avoir une idée, si vague qu'elle soit, de la force et de l'étrange nature des sensations végétales.

Enfin, nous avons vu qu'immédiatement

après la fécondation, l'activité des plantes, prenant un caractère plus élevé, révèle quelque chose d'idéal qui la rapproche en quelque sorte de ce que nous aimons le mieux dans l'activité de l'âme humaine, puisque nous avons vu ces êtres subordonner leurs instincts égoïstes aux soins que réclame d'eux leur postérité, et montrer ainsi de l'affection pour leurs semblables.

Les hommes et les animaux errent çà et là, sans jamais séjourner dans un même endroit assez longtemps pour connaître la somme des sensations qui peuvent naître dans un même espace restreint. Pour la plante, au contraire, le moindre événement qui surgit dans l'endroit où elle passe sa vie entière, devient la cause d'une sensation nouvelle. La goutte de pluie qui tombe, la rosée qui brille, le souffle des vents qui circule, l'oiseau qui voltige, le rayon qui pénètre, n'y arrivent pas en vain : il y a là une âme qui s'ouvre à leur influence et qui en éprouve des sensations diverses. Je crois que la plante doit aimer le petit coin de terre où elle a pris naissance et où surgissent de si nombreux événements.

Aux hommes et aux animaux, les impressions multiples, variées et fugaces; à la plante, les sensations tranquilles, paisibles et profondes.

La question des âmes n'est pas précisément celle qui a le privilége d'émouvoir les hommes actuels que nous voyons entièrement adonnés à des spéculations d'un autre ordre. On en voit cependant qui, pour varier les plaisirs d'une soirée, interrogent les âmes des trépassés, ou font apparaître dans les glaces de leurs somptueux appartements les morts qu'ils ont connus; d'autres encore, et ce sont les plus nombreux, voient errer les âmes au milieu des ténèbres de la nuit ; mais seront-ils nombreux, ceux qui consentiront à ouvrir les yeux pour voir en plein soleil ces âmes paisibles qui, enveloppées dans leurs belles robes vertes, fleurissent, exhalent des parfums et nous comblent de bienfaits ?

Quoi qu'il en soit, nous aimons à croire que cette étude aura contribué à rendre moins étrange aux yeux du lecteur la proposition qui lui est faite, de considérer comme des êtres animés ces créatures inoffensives qui ombragent nos habitations, embellissent la Terre, charment notre existence, et forment ces vastes et silencieuses sociétés au sein desquelles les hommes et les animaux poursuivent leur bruyante carrière.

FIN.

TABLE DES MATIÈRES

PRÉFACE. . . . .

L'âme de la plante et la science moderne. 1

La plante vivante. 15

Santé et maladie. 41

La plante à la recherche de sa nourriture. 53

La plante et le soleil. 61

Individualité végétale. 73

Activité de la plante. 81

Les plantes grimpantes. 105

Feuilles, fleurs et lumière. 117

Le sommeil des plantes. 123

La desmodie oscillante. 135

Les sensitives. 137

La question des nerfs. 157

Magnétisme végétal : l'od et la plante.   169
L'amour dans le règne végétal.   185
Rapports sympathiques entre les êtres des deux règnes   215
La plante et son nourrisson.   227
L'anastatique.   233
La fleur de résurrection.   239
Les vieillards du monde végétal.   247
L'âme de la plante.   257